AF445487

CARLOS FARFÁN RODRÍGUEZ
EL FRACASO DEL TIPO PENAL DEL GÉNERO

FEMINICIDIO

FEMINICIDIO
CARLOS FARFÁN RODRÍGUEZ

GATO VIEJO EDITORIAL S.A.C.
Para su sello Nocaut Ediciones
R.U.C. 20603147414
director@gatoviejoediciones.com

Lima-Perunmanta pacha rurachkan.

AGRADECIMIENTOS

No puedo dejar de agradecer a aquellas personas que en cierta forma ayudaron a mejorar el trabajo con los procesos que para este escrito requería de: edición, impresión, investigación, redacción, publicación, comentarios, etc. Utilizo este pequeño espacio especialmente para agradecer a:

Mi padre, por acompañarme en la materialización del libro.

Mi madre, por su apoyo incondicional.

A Daniel Cabrera Leonardini por la redacción del prólogo.

A Kelly Herrera, por estar siempre allí.

¡Lo logré!

Prólogo

Uno de los problemas que actualmente impactan en la sociedad e influye en el campo del derecho penal es el feminicidio, actos delictivos realizados ya sea por personas conocidas o desconocidas, orientado a la lesión de los bienes jurídicos que protegen la vida, la integridad, la salud y la libertad de las mujeres.

La definición de feminicidio y su difusión en nuestro ordenamiento penal es reciente y engloba a todas las formas de violencia contra las mujeres, problema social al cual se le está dando suma relevancia por resultar muy preocupante pues a diario escuchamos hablar ya no solo de homicidio o parricidio sino también del término en discusión "feminicidio" siendo un delito que incluye a todas las clases sociales y pone en evidencia el equivocado concepto existente en nuestra sociedad de considerar a la mujer como una propiedad que queda bajo control por parte de los hombres.

Sin embargo, el problema es justamente lo novedoso del tema para el sistema procesal penal, especialmente para los operadores de justicia, quienes encuentran un serio escoyo al no poder determinar en la calificación de los hechos relacionados con esta figura delictiva si corresponde juzgar al autor de ilícitos como parricidio u homicidio en agravio de la conviviente u pareja por el delito, previsto en el ordenamiento penal o por el de feminicidio recientemente incorporado debido a la sería imprecisión normativa del tipo penal pues el feminicidio en su justo término nos señala que es el matar a una mujer por su condición de tal, y no como se viene haciendo ahora en que en la mayoría de casos procesados por feminicidio en realidad se estaría frente a los delitos de homicidio calificado, generando ello serias lagunas debido a la confusión normativa.

Uno de los casos más controvertidos al respecto ha sido el de Arlette Contreras, expediente 01641-2015, resolución N° 43 de la Corte Superior de Justicia de Ayacucho, en el cual ella denunciaba a su ex pareja Adriano Pozo de los siguientes delitos: Delito contra la vida el cuerpo y la salud, en la modalidad de feminicidio en el grado de tentativa; y del delito contra la libertad, en la modalidad de violación sexual en grado de tentativa, proceso en el cual inicialmente se privó de su libertad al encausado siendo luego absuelto en tan solo la primera instancia, y posteriormente debido a la presión mediática de los medios de información se le sentenció por un delito que no fue acusado por el Ministerio Público, por tratarse en realidad de un delito de lesiones simples .

Es por ello que resulta de suma importancia para el Derecho Penal la presentación de trabajos como el presente escrito por un joven estudiante de derecho, Carlos Farfán Rodríguez quien después de hacer un amplio estudio de las diferentes doctrinas relacionadas con el tema, nos conduce en el capítulo V a una crítica seria sobre la forma y la falta de interpretación y redacción de su tipo penal, muy a parte de una política criminal ineficaz por parte del Estado, que nos conlleva a sobre criminalizar conductas que en algunos casos ya están debidamente prescritas por el ordenamiento bajo otras denominaciones haciendo en este caso al delito de feminicidio un tipo penal ilegítimo e inútil por cuanto no ha servido para solucionar los problema para los que fue implementado.

De la misma manera en cómo el tipo penal del feminicidio merece una nueva redacción ya que no es llamado actualmente a solucionar dicho conflicto normativo y social, esto lo podemos visualizar con las innumerables cifras de muerte de mujeres en el Perú a diario. Asimismo, no existe tipicidad al encuadrar el tipo penal con los hechos suscitados en la realidad, los homicidios de mujeres, esto con la errónea redacción normativa del artículo 108-B. Crítica que es complementada además en el subsiguiente capitulo donde concluye haciendo un estudio serio de la forma como el feminicidio influye en la familia y en los medios de comunicación impactando en la sociedad.

En conclusión, considero que la finalidad de este documento es examinar si la incorporación de la figura del feminicidio en el Código Penal a resultado favorable o por el contrario, si con ella se lesiona principios constitucionales y principios rectores del derecho penal. Esperamos que este libro de profundo contenido jurídico doctrinario sea de utilidad y del agrado de todos sus lectores, y que sus aportes al derecho sean de suma utilidad para la sociedad.

Daniel Cabrera Leonardini

Decano de la Facultad de derecho

Universidad Señor de Sipán, Chiclayo – Perú

Introducción

La violencia contra la mujer genera bastante indignación, polémica e interés en la coyuntura político-social de nuestro país, la gran cantidad de agresiones y muertes de mujeres que se producen en todos los estratos de la sociedad causan gran preocupación para los peruanos.

Las diferentes leyes que se han elaborado y tipificado como respuesta al incremento de asesinatos de mujeres cometidos por parejas y ex parejas de las víctimas, no son suficiente en lo que el Derecho Penal como medio coercitivo del Estado pueda ocuparse, el cual es llamado siempre para combatir esta problemática a consecuencia del populismo penal, esto por las alarmantes cifras que se incrementan día a día en torno a este tema, ya que a diario los medios de comunicación (radio, televisión) muestran alarmantes estadísticas en torno a la violencia contra la mujer, la cual va en aumento por los llamados "delitos de odio" y "delitos de género", hechos de violencia físicos, que generan posteriormente daños psicológicos irreparables.

Se activa entonces una mayor respuesta sancionadora por parte del Estado a cargo de su ius puniendi representado por el Derecho Penal, tomando decisiones político-legislativo al crear un tipo penal de género llamado "feminicidio", el cual lleva a un ejercicio excesivo de la norma jurídico-penal vulnerando principios rectores del Derecho Penal y la Constitución. Ahora, el tema de la violencia hacia las mujeres no es reciente, es un problema desde anterioridad, reproducidos por los medios de prensa y sectores social-feministas debido a los crímenes que se cometen en la sociedad.

El delito de feminicidio, deviene en fracaso actualmente debido a que se legisla en torno a ideologías socialistas que llegan al nivel del sistema punitivo del Estado, obviando prioritariamente políticas sociales como la educación, que defiendan eficaz y justicieramente a la mujer. En realidad, el feminicidio es un homicidio agravado, es una conquista ideológica al introducirse el concepto de género.

El problema gravísimo para el sistema procesal penal, especialmente para los operadores de justicia (jueces), es que no pueden determinar con exactitud si lo que se va a juzgar es un feminicidio, homicidio u parricidio, debido a la imprecisión normativa de su tipo penal "el que mata a una mujer por su condición de tal", esto hace que la mayoría de casos procesados por feminicidio devengan en impunidad. El tipo penal en su aplicación práctica, genera muchas lagunas debido a la confusión normativa, si se mejoraría la redacción de este artículo otra sería nuestra realidad.

Una de las discusiones más notables del delito de feminicidio, es en su penalidad, la cual es una de las más rigurosas en el sistema penal, teniendo una pena diferenciada a comparación con los delitos de homicidio que también protegen el mismo bien jurídico, la vida. En el 2018 se ha dado la última modificación, se ha incrementado aún más las penas del feminicidio generando controversias respecto a su eficacia, ya que el alza de penas indiscriminada que no tenga como correlación políticas de carácter público-sociales, no reducen los crímenes. Con esto se puede suponer que la vida de la mujer, tendría mayor valor que la vida del hombre, para el derecho penal la vida de estos dos no es por una condición natural, se protege su vida por tener la condición de seres humanos, teniendo un mismo valor absoluto.

La tipificación de este delito tiene una visión feminista muy característica al ir cayendo siempre en teorías sentimentalistas sin ningún fundamento objetivo y sin el más mínimo recojo de investigación al objeto materia de discusión. La ideología feminista, hace un relato político la cual victimiza excesivamente a la mujer, y la coloca con apoyo del Estado en una categoría protegida (grupo vulnerable), lesionando el principio de igualdad. Se ignora por un lado, de que la mujer puede ser también agresora, transformando su causa en una lucha de sexos y no a la igualdad de esta al dejar de lado las verdaderas razones que genera violencia.

Tal cual como hace mención el profesor Peña Cabrera en su libro, Curso Elemental de Derecho Penal al decir que:

La inserción del artículo 108-B al Código Penal, expresa una carga de ideología sexista, especialmente por la cultura peruana la que arrastra estas penalizaciones; pero por más datos criminológicos certeros que expresen, cada vez son más las víctimas, mujeres peruanas que son asesinadas por sus parejas o ex parejas, esto resulta insuficiente para proceder a semejante acriminación. (Peña, 2015, p.155).

De esta manera, se crean leyes con el único fin de protegerlas de hombres que ejercen violencia contra ellas para cada caso específico, las cuales no han dado ningún resultado desde sus incorporaciones en la normatividad de cada país. Al contrario, en el caso peruano los homicidios y violencia en contra de la mujer se han incrementado. La violencia involucra diversos factores: Sociales, económicos, culturales, estos generan distintos comportamientos que repercuten no solo en la persona quien comete el ilícito y en la víctima quien lo recibe, sino también en la sociedad que observa todo y especialmente en la familia.

Se crea un problema al hablar de violencia de género, al entenderse actualmente que solo la mujer es víctima de violencia cuando escuchamos o leemos la palabra género. Violencia siempre ha existido, y se da para ambos sexos, no sería correcto decir que solo la mujer sufre violencia ya que el hombre (varón y mujer) desde tiempos muy antiguos ha sido siempre su propio verdugo "Homo Homini Lupus" (El hombre es un lobo para el hombre).

¿Por qué la violencia tendría que tener un género? Se crearía una especie de discriminación, así como lo llaman dichos sectores (feminismo) y pro ideología de género, si solo lo catalogamos como violencia de género a la violencia que sufren mujeres en manos de sus parejas o ex parejas y dejamos de lado los homicidios y asesinatos que se cometen en contra de los varones, actos muy ignorados y no visibilizados en la sociedad. Al hablar de violencia y examinarla concretamente, esta repercute a la familia y toda forma de violencia que afecte a la familia involucra a los dos sexos (masculino y femenino).

De esta manera, no sería sensato llamar violencia de género a las agresiones que solo sufre un determinado grupo social e ignorar al otro, dejando de lado todas sus modalidades, la violencia no deja de ser violencia, no importa el sexo, religión, cultura, idioma, etc.

Para la sociedad y el Estado Peruano, creando nuevos tipos penales que protejan a la mujer de cualquier tipo de violencia y castigando al infractor este problema acabaría, creando la ley de feminicidio, programas de igualdad de género y grupos de empoderamiento de la mujer disminuirían notablemente el machismo, intolerancia, violencia y delitos comprendidos por varones a mujeres, protegiendo la familia y disminuyendo en un porcentaje mínimo la discriminación por motivos de género. Por otro lado, los legisladores ven el problema desde una óptica muy errónea, se basan en los resultados que la sociedad les brinda y no a las causas en que se reproduce la violencia, por eso, las cifras de este delito van en aumento desde que se incorporó el tipo penal del feminicidio en el país.

Los medios de comunicación realizan un mal trabajo en sus noticias al generar violencia de manera indirecta, hablaremos un poco de esta problemática, su incidencia en la violencia feminicida en un capítulo por separado.

La finalidad de este documento, es examinar si ha resultado favorable la incorporación del delito de feminicidio en el ordenamiento jurídico-penal del Perú o se ha hecho una excesiva victimización de la mujer en la sociedad peruana. Por otro lado, se demostrará que el feminicidio lesiona principios constitucionales y principios rectores del derecho penal con su incorporación, y estudiar cómo repercute este nuevo delito de feminicidio y violencia negativamente en la familia.

FEMINICIDIO

incorporación, y estudiar cómo repercute este nuevo delito de feminicidio y violencia negativamente en la familia.

01. VIOLENCIA CONTRA LA MUJER Y VIOLENCIA BASADA EN GÉNERO

1. MARCO CONCEPTUAL

La Ley 30364, Ley pra prevenir, sancionar y erradicar la violencia contra la mujer y los integrantes del grupo familiar(1) define a la violencia contra las mujeres de la siguiente manera:

Cualquier acción o conducta que les cause muerte, daño o sufrimiento físico, sexual o psicológico por su condición de tales, tanto en el ámbito público como en el privado.

La cita recoge definiciones de documentos internacionales que denomina víctima a las mujeres las cuales hayan sufrido cualquier tipo de agresiones físicas y psicológicas por circunstancias sociales, vulnerando su integridad reconocida por el ordenamiento jurídico. Dado esto, y tomando como suma importancia las instituciones integrantes en prevenir, sancionar y erradicar todo tipo de violencia y sobre todo en proteger a la familia, toman facultades en adoptar medidas para eliminar todo tipo de revictimización en especial situación de la víctima.

César Nakazaki, explicaba que la violencia en su máximo esplendor y especialmente la violencia en contra de las mujeres la vivimos en los tiempos del terrorismo. Madres indígenas y de la selva del territorio nacional eran maltratadas, violadas y reclutadas en contra de su voluntad para fines de una ideología de izquierda que por esos años azotaba la libertad y democracia de los peruanos.

Los senderistas cometían abusos en contra de las mujeres en un parque llamado Ushlatuco, las obligaban a prepararse físicamente para el combate, y se les enseñaban como realizar saqueos de ganado vacuno e incluso a manejar armas de fuego, donde generalmente alguien era el encargado de dirigir la tarea revolucionaria. En los informes de la Comisión de la Verdad y la Reconciliación (CVR) se observa que cerca de 7426 mujeres indígenas fueron víctimas de desapariciones, torturas, violaciones y ejecuciones, aprovechándose la subversión de sus humildes condiciones de las cuales estas vivían (2). Es así, que aquellas peruanas lastimosamente sufrieron los peores atropellos de sus derechos humanos, las cuales en su mayoría fueron víctimas mujeres quechuablantes, mujeres desprotegidas que sufrieron con mucha intensidad la violencia en todas sus modalidades.

Toda la sociedad está muy de acuerdo que la violencia y especialmente la violencia en contra de la mujer es un fenómeno social que debe ser eliminado completamente, violencia es violencia y no se determina por quien y a quien se comete. Pero a mi juicio, para eliminar dicha violencia debemos adentrarnos en el problema real que causa dicha violencia y no esperanzarnos en que las normas que protegen la sociedad van a acabar con el conflicto cuando en realidad la sociedad misma puede hacerlo, esto en educar en valores a los hijos y curar la familia. Si vamos a implantar mucho más medidas coercitivas, con penas más severas sin ningún estudio ni fundamento que acredite que con tales normas el problema acabe, esto lamentablemente va a seguir en aumento, ya que fácilmente lo podemos ver en la realidad cuando día a día observamos los horrendos crímenes que se cometen.

El Estado genera incertidumbre jurídica y hace notar a los peruanos que estamos ante un Estado inepto u débil, un Estado que no funciona y como consecuencia de este malestar ciudadano la población se indigna, no cumple lo que se les dicta y se originaría una especie de anarquía para lo cual estos llegan a realizar actos por su propia fuerza, venganza u otro tipo de medida, recordemos que la violencia genera más violencia.

La criminalidad en contra las mujeres son hechos desagradables e irreproducibles para la sociedad. La Organización de las Naciones Unidas define a la violencia contra la mujer como "todo hecho de violencia realizado en contra a la pertenencia del sexo femenino que cause un resultado dañoso físico, o psicológico para la mujer, así como otras amenazas, como la coacción y privación de la libertad. (ONU, 1993, p. 3). Estamos muy de acuerdo con lo que señala el organismo, así como estamos de acuerdo en sancionar en cualquier acto de violencia que pueda poner en peligro su integridad.

El Observatorio Nacional de la Violencia contra las Mujeres y los Integrantes del Grupo Familiar señalan los siguientes datos:

-El 10% de las mujeres entre 15 a 49 años han sufrido violencia física por parte de su pareja o expareja.

-El 2.4% de las mujeres entre 15 a 49 años han sufrido violencia sexual por parte de su pareja o expareja.

-El 15% de las mujeres entre 15 a 49 años revelaron que sus parejas las agredieron cuando ellos estaban bajo los efectos del alcohol y/o drogas.

-El 70.8% de las mujeres entre 15 a 49 años que sufrieron violencia por parte de sus pareja o expareja, no buscaron ayuda.

En cifras de feminicidio por el MIMP y el Observatorio de la criminalidad del Ministerio Público (3) señalan los siguientes datos:

-En el 2009, se registró 139 feminicidios

-En el 2010, se registró 121 feminicidios

-En el 2011, se registró 93 feminicidios

-En el 2012, se registró 83 feminicidios

-En el 2013, se registró 131 feminicidios

-En el 2014, se registró 96 feminicidios

-En el 2015, se registró 95 feminicidios

-En el 2016, se registró 124 feminicidios

-En el 2017, se registró 121 feminicidios

-En el 2018, se registró 149 feminicidios

-Hasta septiembre del 2019, se van registrando 118 casos de feminicidio

Por otro lado, según el Ministerio Público, entre el año 2009 y 2018 han muerto 1201 mujeres víctimas de feminicidio en el Perú. En el año 2018, la justicia peruana dictó sentencia únicamente en cuatro casos de 140 feminicidios cometidos. El 42% de las mujeres víctimas de violencia de pareja a nivel global sufrieron alguna lesión como consecuencia de ello (OMS). (Villegas, 2017).

Ante tales números, resulta sumamente interesante preguntarnos ¿Qué es lo que pasa en el Perú? ¿Por qué la violencia se eleva cuando en su mayoría tenemos normas protectoras de la mujer cada año? ¿Si existe el delito de feminicidio y discriminación e incitación a la discriminación la violencia no se reduce?

Es importante hacer hincapié en algunos puntos antes que entrar de lleno y responder dichas interrogantes en los capítulos siguientes. Si vivimos en un Estado Constitucional de derecho, todos estamos garantizados en ser protegidos bajo las mismas normas y mismas condiciones que todas las personas en un mismo entorno. No es idóneo legislar debido a las elevadas estadísticas de violencia y muertes de mujeres por feminicidio sin tener un estudio sociológico y buscar el verdadero problema y recurriendo después a normas penales, ya que esto resulta un profundo fracaso al observar que no son disuasivas y mucho menos efectivas al no poder eliminar o al menos reducir este fenómeno.

Con el fracaso de dichas normas, entonces lo más correcto sería establecer políticas públicas para reducir y eliminar posteriormente todos los tipos de violencia que existen en contra de la mujer y el grupo familiar. Es cierto que existe violencia contra ellas pero no podemos dejar de lado la protección que el Estado tiene para con los ancianos y niños varones, considerados los más vulnerables. Es el Estado quien tiene el deber de proteger jurídicamente a todos sus ciudadanos por igual y darles la importancia debida y necesaria para su libre desarrollo, así como lo hace en torno a las graves estadísticas de violencia contra las mujeres.

El Tribunal Constitucional del Perú, se pronuncia en decir que: El ejercicio del poder punitivo del Estado "se determina por las expectativas sociales y políticas que se haya hecho previa organización colectiva. En síntesis, la política criminal se condicionada por su política social general". El diseño de políticas son las respuestas del Estado para eliminar este fenómeno con el fin de garantizar la protección de sus ciudadanos. Asimismo, la Constitución Política del Perú, en su artículo N 01° establece que la defensa de la persona humana y el respeto de su dignidad son el fin supremo del Estado y de la sociedad. Asimismo, en concordancia con su artículo N 02° enumera un listado de derechos fundamentales de la persona, al garantizar y promover toda una gama de libertades a todos los individuos en el territorio del Perú.

La Constitución Política en su artículo primero, confiere a la persona humana la más alta jerarquía política, económica, legal y moral, esto por encima del Estado y la sociedad en general. Todos, sin ningún tipo de excepción, tienen la obligación de respetarla y protegerla. (Chanamé, 2012, p. 19). Sobre la violencia contra las mujeres, el Tribunal Constitucional del Perú reconoce algo muy importante, que la violencia no deja de ser violencia, esto no importa quien la comete o quien la sufre, no importando el nivel educativo o cultura, o aquellos que vivan en un ambiente donde se acepten tales actos, ya que se vulnera la integridad física y psicológica y dignidad de la víctima, sobre todo el derecho a vivir en paz. En conclusión, todos merecemos el mismo trato y la misma seguridad jurídica que el Estado Constitucional del Perú garantiza y se obliga a realizar.

2. FEMINICIDIO, PROTECCIÓN REFORZADA POR EL DERECHO PENAL

Guerra citado por Hurtado decía que: La protección reforzada de la mujer frente a la violencia de género tiene lugar dentro de la preocupación global por hacer frente a un paradigma sexista que ha sido visibilizado gracias a las ideologías feministas. (Hurtado, 2017, p. 227).

Tras la aparición del fenómeno del feminicidio en el Código Penal, esta se plantea como un tipo de política criminal de prevención por parte del Estado como respuesta a las conductas ilícitas de índole social que afecte gravemente la integridad de una mujer debido a su peligrosidad. Como pudimos apreciar anteriormente, las estadísticas no son favorables y causan una mayor preocupación en materia de violencia en contra de las mujeres. Los legisladores al implementar el delito de feminicidio lo clasificaron desde mi perspectiva en dos formas. 1. Atentado contra un bien jurídico protegido y; 2. La defensa de un determinado grupo social, esto para evitar los llamados "delitos de odio" quienes se encuentran amenazadas por supuestos actos de discriminación y opresión por el varón, por un sistema históricamente llamado el "patriarcado".

En la misma dirección, este tipo de regulaciones problemáticas permiten cuestionar las finalidades del legislador al momento de incluir una tipificación de estas características dentro del plexo jurídico-penal. Así, cabe preguntarse si el órgano legislativo en realidad estaba empeñado en combatir la violencia contra el ser humano o la violencia de género ejercida contra las mujeres, o si más bien, la finalidad de dicha norma atiende a la satisfacción del descontento popular que se ha generado frente a casos mediáticos, sin tocar el quid de la problemática, pero logrando la satisfacción popular que reclama la sensibilidad avivada del electorado. (Hurtado, 2017, p. 235).

Las leyes penales son demasiado rigurosas, y se usan principalmente como modelo de disuasión para resultar eficaz con posterioridad en conjunto con las políticas criminales de apoyo a implementarse para su completa extinción. Pero esto no puede justificar en usar al Derecho Penal como el encargado de solucionar todos los problemas sociales que se atañen. Diseñar y avalar tendencias populistas no es lo más idóneo para erradicar el problema, generando ciertos vicios creados y con toda la responsabilidad a los legisladores. Con nuevos tipos penales, y utilizar estos con mucha más exigencia no significaría un resultado eficaz. Así como lo señalaba Benavidez al decir que: "Un derecho penal simbólico es un derecho penal politizado y jurídicamente ineficaz".

El Tribunal Constitucional del Perú, en cuya sentencia N° 0014-2006-PI/TC nos explica que, la construcción de un delito debe colocar principalmente los fines sociales de la pena de prevención general y especial. (fj. 13). A partir de ello, es posible sustentar con mucho más objetividad la necesidad de respuestas integrales desde el ámbito penal frente a la violencia de género, esto con el fin de evitar muertes predecibles de mujeres, que muchas veces acuden a los servicios del Estado, sin recibir protección efectiva. (Defensoría del Pueblo, 2015, p. 54).

3. MARCO CONCEPTUAL EN GÉNERO

El feminicidio es considerado un delito especial, refiriéndose puntualmente a que se realiza dentro de una violencia de género, cuya terminología está en boca de todos en la sociedad de hoy en día. Pero esta palabra genera muchas confusiones al momento de utilizarla para explicar la problemática. Debemos investigar algunas definiciones de determinados conceptos para la comprensión del feminicidio a priori. Para esto, es preciso explicar y diferenciar los siguientes términos: "Sexo"; "género", "identidad sexual", "discriminación", "igualdad de género" y "violencia de género", esto es preciso esclarecer ya que se confunden y se utilizan muy distintamente. Todo esto para poder analizar con más claridad y con mejor comprensión el análisis del delito de feminicidio.

3.1. VIOLENCIA DE GÉNERO

Considerada como todo tipo de violencia física y psicológica cometida contra las mujeres o grupo de personas por discernir o discriminar sobre su orientación, identidad u libertad sexual en un supuesto sistema de dominación de los hombres.

3.2. SEXO

Es todo el conjunto de características biológicas, anatómicas, fisiológicas y cromosómicas que diferencian a las personas en mujeres o varones. Así, se fundamenta en toda interpretación realizada en las diferencias biológicas (Raguz, 2015, p. 3). Es decir, todo esto conforme con lo que el ser humano nació, el orden natural para cada uno (genitales, cromosomas, hormonas).

3.3. GÉNERO

Constructo social y de índole cultural al conjunto de atributos y roles de cuyas personas se les asignan a partir de una asimilación de su sexo. Esto comprende características económicas, sociales, psicológicas, jurídicas, políticas y culturales, consideradas parte de una cultura que pueden cambiar con el tiempo, y que no son llamadas naturales (Lagarde, 1996, p. 12). En esto coincido con la escritora al referirse al género como una construcción social y cultural, ya que como idea se limita únicamente a eso, a una idea,

idea por la que ese ser humano ha establecido en cómo llevar su sexualidad y con tal autopercepción esa persona puede definirse y sentirse como se le plazca. Ninguna persona tiene género, todos los seres humanos nacemos con un sexo el cual viene determinado por la naturaleza (femenino o masculino) y eso es inmodificable.

Debido a las presuntas causas y motivos por los que se ejerce violencia en contra de las mujeres (estereotipos y conductas machistas) el delito de feminicidio es considerado un delito basado en género, basado en el odio y condición de superioridad en contra de las mujeres.

La OMS (4) clasifica al género como comportamientos, actividades que son propios de la sociedad para hombres y mujeres.

3.4. DISCRIMINACIÓN

Para la RAE, la discriminación es una "circunstancia modificativa de la responsabilidad criminal que agrava la pena cuando el delito se comete por motivos racistas, antisemitas u otra clase de discriminación relativa a la ideología, religión o creencias de la víctima, la etnia, raza o nación a la que pertenezca, su sexo, orientación o identidad sexual, o por razones de género, de la enfermedad que padezca o de su discapacidad".

En el delito de feminicidio encontramos a la discriminación como un presupuesto de hecho, esto implicaría darle un trato desigual a la mujer por un varón. Los países en Latinoamérica prohíben este tipo de conductas por razones de género, cuyo incumplimiento sería acreedor de una sanción estatal. Ahora, la discriminación de género está referida más a los grupos LGTBI y esta desigualdad sentó la llamada discriminación por género. La discriminación de género se ha insertado como uno de los presupuestos del delito de feminicidio en el artículo 108-B, haciendo referencia al tratar a una persona de manera menos favorable por su condición de mujer.

3.5. IDENTIDAD SEXUAL

Todos los seres humanos nacemos biológicamente como varones y mujeres, pero lo que genera la identidad sexual es tener una percepción distinta a nuestra naturaleza, esto respecto a nuestro sexo, es sentirse como nosotros más nos plazca, es decir, elegir el sexo que más nos identifica desde el punto de vista del género en relación con la orientación sexual que tiene tal persona. La persona se acepta y se considera ser del sexo que biológicamente no lo es.

Para la OMS (Organización Mundial de la Salud) y la OPS (Organización Panamericana de la Salud) nos señalan un concepto en torno a la identidad sexual:

La identidad sexual es la forma como una persona se identifica del sexo femenino o del sexo masculino, o también puede ser una mixtura de ambos, y la orientación sexual de la persona es el cuadro de referencia que se moldea internamente con el pasar de los años, permitiendo a un individuo formular un significado de sí mismo sobre la base de su sexo, género y orientación sexual, como consecuencia, esto para que pueda desenvolverse conforme a la percepción que tiene de sus volúmenes sexuales en toda la sociedad. (OMS/OPS 2000, p. 7).

3.6. IGUALDAD DE GÉNERO

La igualdad, como ideal y derecho está reconocida y consagrada en la Constitución Política del Perú en el artículo N° 2 inciso 2.

A la igualdad ante la ley. Nadie debe ser discriminado por motivo de origen, raza, sexo, idioma, religión, opinión, condición económica o de cualquier otra índole.

Pero la igualad o equidad de género crea un humo ideológico para este concepto, generando un desbalance y privilegios que daría el Estado para un determinado grupo social en este caso para las mujeres, y para esto aparecería el término de la igualdad de género. La propia Constitución Política del Perú ha consagrado que todos tenemos los mismos derechos, deberes y oportunidades. Yo no conozco otro documento en el país de tal envergadura que pueda ir en contra o poner en tela de juicio, mucho menos contradecir lo que dice la norma fundamental de un país.

Desde una perspectiva feminista, la igualdad de género implica que tanto hombres y mujeres deban tener los mismos derechos, oportunidades y beneficios por ley, a no ser discriminado por ningún motivo esto para desarrollarse con libertad en la sociedad. Hay que tener en cuenta que "equidad de género" es también un conjunto de términos que hacen referencia a respetar la dignidad, importancia e igualdad de los géneros (sexos). La palabra "género" se interrelaciona con varias definiciones. ¿Cuál es su objetivo? Abolir cualquier práctica tradicional u cualquier forma de exclusión en contra de la mujer, todo esto para tomarlo como un logro social, muchas veces creándose en leyes.

La UNESCO, nos habla que una verdadera igualdad o sociedad igualitaria priman tanto los derechos, responsabilidades y oportunidades de mujeres, hombres, niñas y niños. Una igualdad no va significar que las mujeres y los hombres sean lo mismo, esto debe entenderse que los derechos de las personas, responsabilidades y oportunidades no dependan del sexo con el que nacieron. Es cierto que la igualdad de género supone y enfatiza en que se tengan en cuenta los intereses, las necesidades y las prioridades tanto de las mujeres como de los hombres, reconociéndose la diversidad de los diferentes grupos de mujeres y de hombres esto en torno en igualdad.

Quiero hacer referencia al decir que todos somos iguales y merecemos el mismo trato ante la ley, pero siempre y cuando tengamos las mismas capacidades físicas y mentales. Digo esto porque existen leyes que trabajan en mejor preferencia con las personas discapacitadas (Ley 28735) que para algunos esto sería tomado como un acto de discriminación, pero en realidad se está clasificando a esas personas por su condición física.

Al estudiar los distintos conceptos considerados por algunos liberales como términos y temas progresistas en el mundo contemporáneo, estamos en mejores condiciones para entender y estudiar el delito de feminicidio. Esto con un marco teórico más iluminado y con una mejor comprensión para poder distinguir más adelante el por qué se le considera y asocia a este delito como un delito de género o de violencia basado en género.

Notas:

1. Mediante Decreto Supremo se promulga el Reglamento de la Ley 30364, cuyo primer artículo tiene por objeto regular los alcances de la Ley 30364, Ley para prevenir, sancionar y erradicar la violencia contra las mujeres y los integrantes del grupo familiar.
2. Gamio, M. (2014). Violencia contra la mujer y terrorismo en el Perú: El caso de Sendero Luminoso. Hispanic American Historical Review.
3. MIMP, Programa Nacional Contra la Violencia Familiar y Sexual 2019.
4. OMS, temas de salud, género 2019.

02. NOCIONES GENERALES DEL FEMINICIDIO: ORIGEN, EVOLUCIÓN Y TIPOLOGÍA DEL DELITO

1. ORIGEN DEL FEMINICIDIO

La aparición del término se debe a los inmensos trabajos de la academia feminista y activistas de género de derechos humanos principalmente en Europa, que desde la década de los años setentas académicas de este movimiento iban introduciendo el concepto muy sigilosamente. Por dichos años, diversos estudios feministas hacían más énfasis al examinar con mucha cautela y delicadeza los homicidios que se originaban en contra de las mujeres.

Posteriormente, se comienza a redactar diversos escritos en torno a la violencia de género, que tras muchas investigaciones se producen distintos términos para denominarlo, tales como: femicide, feminicidio, femicidio, gendercide. Toledo en "feminicidio", señala que: "Las palabras feminicidio y femicidio encuentran su principal antecedente directo en la voz inglesa femicide expresión desarrollada por Diana Russell y Jane Caputi en la década de 1990" (Toledo, 2009, p. 25). (5)

Por otro lado, la antropóloga Laporta sostiene que: "La escritora de referencia, a quien se toma como punto de partida en el estudio de esta terminología es Diana Russell, quien utiliza el término en inglés, femicide. (Laporta, 2012, p. 9)6. Lo cierto es que Diana Russell, es la primera mujer en pronunciar y hacer de conocimiento dicha terminología "femicidio" durante su presentación en el Tribunal Internacional sobre Crímenes contra las Mujeres en Bruselas, 1976.

Se pretendía que dicho tribunal sea inaugurado por Simone de Beauvoir los días cuatro y ocho de marzo después del día internacional de la mujer. Beauvoir, no pudo asistir pero en consecuencia envió una carta que fue leída al momento de la apertura, ella era considerada la máxima referente de la escuela feminista por aquellos años. La agenda fue tomar testimonios para luchar contra la violencia de género y temas como la maternidad y esterilizaciones forzadas, crímenes en el entorno familiar, heterosexualidad impuesta. Poco después, las representantes de cada país asistentes en el evento preparaban un informe de violencia y asesinatos contra las mujeres en su respectivo país. Es importante decir que el Tribunal se hacía al costado de gobiernos y partidos políticos, lo importante para ellas era reunir a mujeres de numerosas partes del mundo para que testificaran y a su vez denunciaran sucesos de opresión y violencia contra las mujeres. Con un presupuesto minúsculo, concentró cerca de dos mil mujeres de cuarenta países que tuvieron que pagarse el viaje y todos los gastos. (Laporta, 2012, p. 11).

Poco después, Russell reconoció que ella no era la creadora del término, lo había oído nombrar anteriormente. En 1974, tomó conocimiento de que una escritora americana, Carol Orlock, fue quien acuñaba el término, por ello decide darle su propia definición. Sin embargo, el concepto se aprecia más adelante con el artículo feminista, *Femicide: Speaking the unspeakable. The world of women de Russell y Caputi* (1990) señalando que es el asesinato de mujeres perpetrados por el varón, motivados por el odio y un desprecio en contra de las estas" (p, 34).

Gran parte de escritores señalan que el término es incorporado por J. Radford y D. Russell en 1992 en su libro: *Feminicide: The politics of women killing,* donde se recogen datos de casos de feminicidio en países de Europa y en los Estados Unidos, definiendo a aquellos asesinatos como: "Actos de características misóginas perpetrados por un varón en contra de una mujer por su condición de tal".

Las autoras Russell, D, y Radford J citadas por Toledo (2009) señalan lo siguiente:

El femicidio es un continium de terror antifemenino representado en abusos orales y materiales, en ellos encontramos la violación, tortura, esclavitud, abuso sexual infantil, golpizas físicas y todo tipo de acoso que ellos involucra ya sea en cualquier contextos como la calle, oficina, aula, operaciones innecesarias, heterosexualidad, esterilización y maternidad forzada, negación de comida y mutilaciones en nombre del embellecimiento. Todo esto que siempre termine en muerte de una mujer, se la llamará feminicidios. (Toledo, 2009, pp. 24; 25).(7)

El párrafo nos señala los hechos más deshumanizantes que una mujer puede sufrir en cualquier contexto de la sociedad, de hecho todos (varón y mujer) podemos sufrir este tipo de aberraciones por tener la condición de seres humanos. En este caso, las autoras solo hacen referencia a que hay un ensañamiento de violencia sexual, familiar, emocional contra un determinado grupo social (mujer). El término femicide, conceptualiza situaciones de violencia que ataca la integridad física, psicológica y su libre desarrollo en la sociedad.

El concepto del feminicidio para la corriente feminista es muy solvente, se inspira en las concepciones de género en los últimos años y les sirve políticamente para examinar la desigualdad y en la supuesta subordinación en que las mujeres se encuentran oprimidas por el hombre en un sistema patriarcal, y explicar las diferentes formas de violencia en la cual son víctimas.

1.2. EN AMÉRICA LATINA

El término femidice es un neologismo nacido en el ámbito anglosajón pero su progreso se da especialmente en América Latina, el problema es su acepción gramatical para castellanizar la palabra, femicidio o feminicidio ya que dichas palabras darían un distinto significado para con su estudio.

Comenzando la década de los noventa, el término de feminicidio llega con los estudios realizados de las académicas Julia Monárrez y Marcela Lagarde, la primera con, "Las diversas representaciones de feminicidio y los asesinatos de mujeres en ciudad Juárez, 1993-1999 ; 1993–2005" explicando la cantidad de homicidios que por aquellos años se cometían en contra de niñas y mujeres en la ciudad de Juárez, evidenciando las violaciones de sus derechos humanos donde la autora calificaba al Estado como culpable de las tragedias, ya que este no podía hacer nada para erradicar el problema.

Así lo señala la propia Monárrez en su escrito, Feminicidio sexual serial en Ciudad Juárez: 1993 - 2001, al decir que:

El feminicidio comprende actos violentos como: El maltrato emocional, psicológico, insultos, tormento, violación, meretricio, hostigamiento sexual, abuso infantil, amputaciones, violencia doméstica y toda política que derive en muerte de las mujeres. La falta de investigaciones y ausencia de un registro de Feminicidios es la punta de un iceberg, donde el Estado tolera y esconde dichos homicidios.

Debido a los masivos feminicidios en Ciudad Juárez (México), y eso al ser denunciados internacionalmente por el movimiento global de mujeres, el concepto feminicidio se instaura al aparato jurídico penal de la mayoría de países de la región, dejando de lado el paradigma de análisis feminista. Por otro lado, su término se ve más generalizado, esto también por los medios de prensa al potenciar su activismo político por el derecho a una vida libre de violencias, generando grandes retos a nivel de una oferta normativa feminista. (Chiarotti, 2019, p. 14).

Por su parte, la académica, antropóloga, feminista, y ex diputada en México período (2003 - 2006) Marcela Lagarde, prosigue la misma línea que Russell en traducir "femicide" al español como "feminicidio" conceptualizándolo en su artículo: "Identidades de género y derechos humanos, la construcción de las humanas" como:

Política de exterminio de las mujeres. Conjunto de acciones, que controlan y eliminan a las mujeres con el temor y daño, permaneciendo inseguras y amenazadas en condiciones humanas mínimas, con esta opresión ellas tienen una profunda marca feminicida. (Lagarde, 1997, p. 14). (8)

Tanto Monárrez como Lagarde, califican al sistema como actor principal y fundamental de los asesinatos de género. Para Lagarde el feminicidio es una trasgresión del Estado con una característica de impunidad que ocurre en tiempo, lugar, agravio, y daños continuos contra mujeres y niñas, que lleva a la muerte de alguna de las víctimas. (Lagarde, 2005, p. 136). Lo más preocupante de las tesis sostenidas por las académicas, es señalar que el sistema promueve el feminicidio, al referirse que es un crimen de Estado que deriva en impunidad cuando en realidad los Estados luchan y combaten todo tipo de violencia en contra de las mujeres, un ejemplo son las leyes de feminicidio/femicidio en los países de la región. Las autoras dedican gran parte de su trayectoria en investigar muy a fondo el tema del crimen contra las mujeres, brindando estadísticas, documentación y una tipología de feminicidio.

Después de darse a conocer la inflación del feminicidio por los asesinatos cometidos en Juárez (México) y a su vez manifestado en denuncias a nivel internacional por el movimiento global de mujeres, la terminología alcanzó un gran auge que posteriormente la palabra "feminicidio" llega a ser usada en varios países de Latinoamérica y Europa (España), donde más tarde se crea un portal llamado feminicidio.net sobre todo con la fuerza de los medios de comunicación en su difusión por parte del activismo político de la academia feminista.

En el año 2000, Ana Carcedo, considerada como una de las fundadoras del Centro Feminista de Información y Acción (CEFEMINA) en el año de 1981 en San José de Costa Rica, donde se buscaba crear programas en atención y ayuda a mujeres violentadas, en colaboración con Montserrat Sagot, publican *Femicidio en Costa Rica 1990-1999*, cuyo objetivo general es analizar características y factores asociados con los homicidios de mujeres cometidos en ese país por razones de violencia de género. Las autoras examinan y planifican propuestas de modo preventivo y protectoras para mujeres en riesgo de violencia, mostrando la gravedad del problema del femicidio. La violencia de género es un componente central que auxilia a entender la condición social de las mujeres. Evidenciando una presencia o amenaza de violencia cotidiana y de femicidio de cómo la opresión y la desigualdad coloca a la mujer en un entorno terriblemente delicado. (Carcedo y Sagot, 2000, p. 13).

Además, las autoras van de acuerdo a la tipología de femicidio que plantean Radford y Russell: Femicidio íntimo, no íntimo y por conexión, calificando al ensañamiento como una característica del femicidio. Muy aparte, en esta corriente se elabora una base de datos que incluye información extraída de diversas fuentes como: El libro de Diagnósticos de Causas de la Sección Patología Forense del Organismo de Investigación Judicial, anuarios Estadísticos de Organismos de Investigación Judicial (OIJ), expedientes de Homicidios de la OIJ de la provincia de San José y el Instituto de Criminología del Ministerio de Justicia. El resultado: Un total de 315 mujeres víctimas de homicidio entre 1990 y 1999, donde el 70% de los crímenes corresponde a femicidios.

A partir de esa década, comienza a desarrollarse con más fuerza el concepto y las investigaciones sobre el fenómeno crecen, en Guatemala, Ana Leticia publica "Femicidio, la pena capital por ser mujer", en Nicaragua, Alma Chiara publica "Femicidio, forma extrema de violencia doméstica", Lagarde con *Feminicidio: Justicia y Derecho*, en el 2004 la panameña, Eyra Habar publica "Notas acerca del femicidio", en Argentina Moira Soto publica "Brujas el gran Femicidio".

La Defensoría del Pueblo del Perú, mediante el documento "Feminicidio en el Perú: Estudio de expedientes judiciales" señala que en El Salvador, mediante el estudio realizado por la Organización de Mujeres Salvadoreñas por la Paz (ORMUSA), el Instituto de Medicina Legal registró el asesinato de 137 mujeres durante los cinco primeros años del 2005, y que dicha cifra aumentó a 304 mujeres en el mes de octubre.

Los estudios realizados sobre feminicidio fueron promovidos por organizaciones feministas como el Centro de la mujer peruana Flora Tristán y el Estudio para la Defensa de los Derechos de la Mujer (DEMUS), cuyos efectos obtenidos y los datos que sostuvieron su análisis fueron presentados públicamente para ser fijados en el debate para el año 2009 iniciando las primeras políticas públicas para probar y intervenir el feminicidio en el Perú y su identificación como delito independiente. (Aguilar y Lezcano, 2017, p.13). En lo que respecta al Perú, el Centro de la Mujer Peruana Flora Tristán, trabaja en los homicidios y violencia cometidos en contra de las mujeres desde el año 1979 combatiendo la discriminación y fortaleciendo sus derechos plenamente en ciudadanía. Recoge datos de fuentes periodísticas entre el período de febrero del 2003 y septiembre 2005 con un total de 265 casos. Flora Célestine Tristán y Moscoso fue una feminista y escritora francesa de ascendencia peruana, la cual nace en París el 7 de abril en 1803 en plena época napoleónica. La institución feminista toma como referente el nombre de Tristán para su creación.

En el año 2005 Lagarde conoce a Russell, la cual se ofrece a traducir al castellano el documento *Femicide: The politics of woman killing* en coautoría con Radford, pactando ambas traducir femicide a feminicidio y no femicidio como se estaba usando anteriormente.

1.3. ¿FEMINICIDIO O FEMICIDIO?

La diferencia entre los términos es importante, no solo por la forma en la que se debe usar, sino por sus alcances a partir de su origen y su relación con los actos. Por ello, podremos decir que si bien el neologismo femicide traducido al castellano presenta dos acepciones «femicidio» y «feminicidio», desde lo establecido por Diana Russell «femicidio» implica una conceptualización más desarrollada respecto de la violencia contra la mujer (mutilaciones, violaciones sexuales, ablaciones, entre otros). Mientras que el feminicidio incluye también como corresponsable de su autoría al Estado, conforme lo expone Lagarde y De los Ríos. (Bringas, 2017, p. 61). (9)

Atencio nos explica que: El feminicidio es un término muy utilizado en Latinoamérica, extendiendo su uso en todo el planeta, señalando una realidad muy dolorosa: El homicidio de mujeres por el hecho de ser mujeres. Por eso en América Latina se inicia un debate académico por traducir al español "femicide" por "feminicidio" o "femicidio.

Marcela Lagarde y de los Ríos en la introducción del libro, *Feminicidio: Una perspectiva global* de Diana Russell y Harmes, R (2006) explica por qué prefirió el término "feminicidio". La académica señala que la palabra femicidio es un término análogo a homicidio, el cual implica únicamente el homicidio a mujeres. Por eso, para desigualar, se prefiere aplicar el término "feminicidio" para denominar al conjunto de violaciones de derechos humanos de las mujeres dadas como su integridad, salud, desarrollo, libertades y vida de las mujeres y niñas asesinadas en cualquier contexto al abarcar todo tipo de violencia.

La mexicana J. Monárrez sigue la línea de Lagarde, al estar de acuerdo también con llamarle feminicidio. Sostiene que las raíces latinas serían fémina (mujer) y "caedo", "caesum" (matar), palabra en latín que designa a la mujer "femena", sino fémina, con la "i", al unir las dos palabras para formar otra, no sólo se juntan sino que se respetan las raíces de las dos; por ende, la muerte de una mujer sería "feminiscidium", y de ahí se pasa a la palabra feminicidio, afirmando que sería la más apropiada para el castellano. (Ramos de Mello, 2015, p. 44).

Laporta señalaba que la expresión femicidio es más común en la región centroamericana, donde su principal desarrollo es fundamental a partir de los trabajos de Ana Carcedo y Montserrat Sagot. (Laporta, 2012, p. 25). Ana Carcedo, sustenta que el vocablo feminicidio simplemente se refiere al asesinato de mujeres y que "femicidio" es la voz utilizada por el movimiento de mujeres en Latinoamérica con implícito político y de gran posición en la región, el cual va más allá de los casos en donde existiera impunidad sobre los homicidios de mujeres.

Lo cierto es que en Latinoamérica se utiliza los dos términos dependiendo el ordenamiento jurídico de cada país. El problema fue que se consideraban sinónimos las dos palabras cuando en realidad tienen distinto significado. Las feministas que hemos señalado anteriormente explican que se debe examinar dependiendo las situaciones reales en que se producen los actos para calificar como feminicidio o femicidio y para esto se crea más adelante una tipología de este fenómeno.

Autoras como las ya citadas, es el caso de Ana Leticia Aguilar, han concordado en señalar que la edificación de las palabras femicidio o feminicidio, responde a su vez, a la necesidad de desigualar estos crímenes del concepto de homicidio, el cual corresponde a los asesinatos que se cometen contra cualquier persona. Es decir, mientras se considera que el homicidio es un término neutral, el femicidio o el feminicidio logran evidenciar las características que subyacen a estos crímenes. (Defensoría del Pueblo del Perú, 2010, p. 37).10

Feminicidio es usado en países como: Colombia, México, El Salvador, Brasil, Bolivia. Mientras que femicidio se aplica en países como: Argentina, Costa Rica, Uruguay, Guatemala, Nicaragua, Panamá, Ecuador, Chile. En el Perú se esgrime el término feminicidio, delito estipulado en el artículo 108 - B del Código Penal.

2. CONCEPTO DEL FEMINICIDIO

Todas las terminologías que se han hecho para acuñar un significado hacen referencia al asesinato de una mujer por el hecho de serlo. El Diccionario de la lengua española en el año 2014 definía al feminicidio como: "Asesinato de una mujer por razón de su sexo", que posteriormente debido a las críticas de ser muy insuficiente lo redefine en el 2018 (10) como "el asesinato de una mujer a manos de un hombre por machismo o por misoginia".

Russell y Radford, lo definen como un crimen de odio contra las mujeres, como un conjunto de formas de violencia que en ocasiones concluyen en suicidios para ellas. Finalmente, las palabras feminicidio y femicidio se definen como un acto de violencia extrema contra mujeres por su condición de mujeres formando parte de la violencia de género. A mi juicio, el feminicidio es un tipo penal legal pero ilegítimo. Sí, legal porque se encuentra establecido en el ordenamiento jurídico penal, ningún delito, ninguna pena sin ley previa debe ser castigable *Nullum crimen, nulla poena sine praevia lege* (principio de legalidad), y ¿Por qué ilegítimo? Porque no se considera justo y razonable, esto al lesionar principios rectores del Derecho Penal y Constitucional que más adelante analizaremos.

En conclusión, el homicidio de una mujer, en el marco de una violencia por su género (sexo) por su condición de mujer, se ha venido a denominar feminicidio. Este término que conceptúa la violencia producto de un sistema en la que la expresión de las relaciones desiguales de poder entre hombres y mujeres en la sociedad es una característica.

Estas edificaciones en la sociedad, naturalizadas, van a determinar y crear disconformidades entre hombres y mujeres, fijando roles asimétricos, que someten y discriminan lo femenino, mediante la diferenciación social y dominación. (Ramos, 2014, p. 9). Todas las elaboraciones que se han hecho sobre este fenómeno provienen de las ciencias sociales, llevadas después su mala práctica al derecho penal para una forma más rigurosa en combatirla, que lamentablemente las cifras de este crimen no han disminuido.

Como dice Bringas al afirmar que las investigaciones no nace en el derecho. Su aparición, dada a que se aproxima desde la sociología, antropología y como consecuencia esto es recogido por el derecho y en particular por el derecho penal. (Bringas, 2017, p. 56).

3. NATURALEZA DEL FEMINICIDIO

El feminicidio, nace única y exclusivamente como medida político-criminal por parte del Estado debido al aumento de violencia en contra de las mujeres en el país, su naturaleza es de coyuntura político-social (11), depende única y exclusivamente de los comportamientos y características de la sociedad peruana en situaciones determinadas. Los legisladores no tuvieron más opción que crear esta técnica político-legislativa debido a la presión y constantes reclamos de la población en sociedad, por esos años el feminismo llegaba muy sigilosamente al Perú y se asentaba rápidamente con las manifestaciones que se realizaban en el país, sobre todo en la capital. En ese contexto, el tipo penal busca sancionar a los sujetos que causen la muerte a su víctima por su condición de mujer.

Esta nueva medida político-criminal, fue principalmente para el legislador proyectar una nueva norma penal represiva del feminicidio en atención al género de la víctima, esto para garantizar la sanción a los responsables, la reducción de esta impunidad está en nuestra realidad respecto a estos hechos, la función de prevención general y especial de la criminalidad resulta importante pero a la vez los hechos que visualizamos son alarmantes e incontrolables las cifras de muertes de mujeres a manos del hombre. (Carnero, 2017, p. 73). (12)

Se puede tomar como principal punto de referencia para la incorporación de este delito en el Perú los datos que brindaba el Centro de la Mujer Peruana Flora Tristán, con la recopilación de estadísticas en conjunto con el Ministerio de la Mujer con su programa contra la Violencia Familiar y Sexual un año antes que se incorpore el delito de feminicidio como delito autónomo en el 2013, señalando que entre el año 2009-2012, 436 mujeres fueron víctimas de feminicidio y 268 tentativas del mismo y hasta junio del 2013, se registraban 54 mujeres asesinadas en un contexto de violencia, misoginia y discriminación, 63 víctimas de tentativa de feminicidio. Debido a estos hechos, el poder legislativo el 18 de julio del 2013 promulga una nueva forma para penalizar el feminicidio.

En el Perú, como en la gran mayoría de países que sufren y exhiben graves y penetrantes índices de violencia en contra de la mujer así como de feminicidio, detrás de su implementación podemos observar a los grandes movimientos feministas que combaten para que se logré colocar este fenómeno en libreta política nacional como internacional (Calderón, 2017, p. 38).

4. TIPOLOGÍA DEL DELITO DE FEMINICIDIO

Después del término establecido, Diana Russell propone diferentes tipos de feminicidio/femicidio que analizan todas las circunstancias relacionadas con la víctima, el victimario y la motivación del hecho. Esto resulta fundamental, ya que según el contexto en el que se susciten los hechos se podría determinar en qué clase de feminicidio recae la conducta, esto para comprender el alcance de violencia ejercida por el homicida. Se crea y se estudia las siguientes tipologías:

-Feminicidio íntimo: Asesinato de una mujer cometida por un varón con quien la víctima tenía una relación íntima, de convivencia, noviazgo, familiar o afines a esta. También comprendía los homicidios de aquellas mujeres por un miembro del entorno familiar, padre, padrastro, hermano, hermanastro, primo, etc.

-Feminicidio no íntimo: Asesinato de una mujer cometida por un varón con quien la víctima no tenía ningún tipo de relación íntima. Se caracteriza porque el sujeto pasivo (mujer) sufrió ataques violentos previos a su muerte, tales como una violación, robo, muerte de mujeres por trata de personas, mujeres muertas por un cliente, esto al hablar de trabajadoras sexuales.

-Feminicidio por conexión: Mujeres que trataron de intervenir en socorro del asesinato de otra mujer, o atrapadas por el accionar del homicida en el lugar de la consumación del ilícito. Pueden ser una amiga, una madre, vecina, u mujer policía, etc.

Además, Russell planteaba otros tipos de femicidios muy particulares como, los femicidios racistas, muertes de mujeres de etnias negras a manos de hombres blancos, femicidios homofóbicos y lésbicos, muertes de lesbianas y homosexuales por heterosexuales, femicidios maritales, mujeres muertas por sus maridos, femicidios seriales y femicidios en masa.

Esta fue una clasificación tradicional, plantea los tipos de feminicidio de décadas pasadas, pero en la actualidad se han elaborado y creado una amplia gama de tipologías de feminicidio. Por su parte, la socióloga mexicana Julia Monárrez tras las investigaciones de asesinato de mujeres en Ciudad Juárez clasifica los siguientes tipos de feminicidios:

-Feminicidio íntimo: Homicidio de una mujer cometido por un varón, el cual la víctima tenía o tuvo una relación íntima, de amistad, convivencia, por motivos laborales o circunstancias afines a éstas. Vemos que a diferencia del tipo de feminicidio íntimo creado por Russell, este abarca más allá que solo el que se pueda cometer en un contexto familiar. Lo que importa para la autora es que todo asesinato de mujer cometido por un hombre es un feminicidio.

-Feminicidio familiar íntimo: Basado en relaciones de parentesco. Asesinato de uno o varios miembros de la familia cometidos por su esposo o cualquier descendiente o ascendiente en línea recta o colateral u cualquier tipo de relación afectiva o sentimental de hecho, el cual el homicida a sabiendas actuó.

-Feminicidio infantil: Homicidio de niñas por hombres, en especial aquellas que sufren de algún tipo de discapacidad, ya sea hija descendiente o colateral hasta en cuarto grado en el contexto de un poder otorgado, o en una situación de confianza sobre la minoría de edad de la menor a sabiendas del homicida.

-Feminicidio por ocupaciones estigmatizadas: Mujeres asesinadas por la carga laboral que desempeñan, un trabajo nocturno en su mayoría. Aquellas como, bailarinas, trabajadoras sexuales, mujeres que trabajan en bares nocturnos, meseras, etc.

-Feminicidio sexual sistémico: Mujeres secuestradas torturadas y violadas, cuyos cuerpos han sido anteriormente torturados y arrojados en escenarios transgresivos por hombres con características misóginas en un terrorismo de Estado, en un continuo de impunidad e inseguridad para estas víctimas.

Tipología de feminicidio según Ana Carcedo y Monserrat Sagot:

-Feminicidio íntimo: Asesinatos de mujeres cometidos por hombres con quien la víctima tenía una relación íntima.

-Feminicidio no íntimo: Asesinatos de mujeres cometidos por hombres con quien la víctima no tenía una relación íntima; esto se involucra con ataques sexuales previos a la víctima.

-Feminicidio por conexión: Mujeres asesinadas en la línea de fuego de un hombre tratando de matar a otra, esto en ayudarla.

La académica Rita Segato, clasifica un nuevo tipo de feminicidio, feminicidio corporativo. En la hipótesis del feminicidio, el ímpetu de odio con trato a la mujer se explica como desobediencia a infracciones femeninas a las dos reglas del patriarcado: La regla del control o subordinación sobre la entidad de lo femenino y la regla de la superioridad masculina. (Segato, 2006, p. 3). (13) De la manera que iban en aumento tales abusos de hombres por encima de las mujeres, Segato atribuía tales actos a un sistema para ella opresor del otro, el patriarcado, estudiado por el feminismo socialista desde la antropología, el cual era necesario para describirlo.

Feminicidio corporativo: Son los también llamados feminicidios idiosincráticos que ocurren en México, Ciudad Juárez, y son tipos de crimen específico, debido a la forma de proceder de quienes los cometen y al enigma que siempre los rodea. Reviste características específicas, como el secuestro de determinado tipo de mujeres jóvenes, a quienes privan de la libertad para luego violarlas de manera multitudinaria, torturarlas y mutilarlas o estrangularlas. A todo esto se le suma cierta "complicidad" por parte de las autoridades, atentados contra quienes intervienen tratando de esclarecer estos casos y presión por parte de la fuerza de la ley para inculpar a gente inocente (…). (Lemos Acosta, 2012, p. 35). (14)

Salinas Siccha decía que dentro de todas las clases de feminicidios recogidos por la fórmula legislativa en el Perú, se debe considerar el contexto en el que se produjo la muerte de la mujer, esto para examinar la clase de feminicidio, íntimo, no íntimo o por conexión. (Salinas, 2015, p. 96). Lo cierto es que en el aparato punitivo del Estado no se instaura las clases de feminicidios, se castiga única y principalmente la conducta que mata a una mujer por su condición de mujer.

A pesar de los innumerables trabajos hechos por la escuela feminista, ninguno de los tipos de feminicidio/femicidio se encuentra en un ordenamiento jurídico-penal con autonomía legal en la actualidad. La Comisión de la Mujer del Congreso en noviembre del 2011, a través de un dictamen manifiesta que en el Perú, el feminicidio íntimo es el que se produce mayormente a comparación de los otros tipos, el esposo, conviviente, pareja, ex pareja violenta física y psicológicamente a la mujer que por lo general concluye con la muerte, esto pone en evidencia que existe una situación de violencia que empieza desde la familia.

Mientras que el Centro de la Mujer Peruana Flora Tristán señala que más del 64% de víctimas en el momento de la agresión mantenía una relación sentimental, afectiva o íntima con su agresor". Por otro lado, la OMS (Organización Mundial de la Salud) en el Informe mundial sobre la violencia y la salud, señalan que los datos extraídos de cada país indican que la violencia en pareja (feminicidio íntimo) tiene el más alto número de muertes por asesinatos entre las mujeres. (OMS, 2003, p. 101).

5. Toledo, P. (2009) Feminicidio. México
6. Laporta, E. (2012). El feminicidio/femicidio: Reflexiones desde el feminismo jurídico. Universidad Carlos III de Madrid, España. p. 9.
7. Para Russel y Radford el feminicidio/femicidio es un crimen de odio injustificado hacia las mujeres.
8. Lagarde, M. (1997). Identidad de Género y Derechos Humanos, La Construcción de las Humanas. p.14.
9. Defensoría del Pueblo. (2010). Feminicidio en el Perú: Estudio de expedientes judiciales. pág. 37.
10. Real Academia Española, (2018). Diccionario de la lengua española.
11. Estos problemas estructurales, son los que afectan la realidad de un país ya se trate de dificultades económicas, educativas, culturales, estos que iban en contra de la mujer representaban aquella como grupo vulnerable y excluido por el Estado y así crear el feminicidio.
12. Carnero, D. (2017). Análisis del delito de feminicidio en el código penal peruano con relación al principio de mínima intervención y la prevención general como fin de la pena (tesis de licenciatura en

Derecho). Universidad de Piura, Programa académico de derecho. Piura, Perú, p. 73.

13. Segato, R. (2006). Qué es un feminicidio. Notas para un debate emergente. Serie Antropológica. 401. Brasilia. Revista Mora. Instituto Interdisciplinario de Estudios de Género, Universidad de Buenos Aires-Argentina, p. 3.

14. Lemos Acosta, A. (2012). Feminicidio. Homicidio por condición de género. Universidad Empresarial siglo 21. Argentina, p. 35.

03. TIPIFICACIÓN DEL FEMINICIDIO EN EL ORDENAMIENTO JURÍDICO NACIONAL

1. RECEPCIÓN DEL DELITO DE FEMINICIDIO EN EL CÓDIGO PENAL PERUANO

Por los últimos años, ha existido una tendencia a tipificar cualquier acto que genere violencia contra las mujeres pero desde una mirada represiva mas no tutelar. Tendencia que se ve en las legislaciones que en la Región existen si revisamos la normativa en el rubro aprobado por Costa Rica, Chile, Guatemala, El Salvador, Colombia, Perú; de las cuales se puede concluir que la intención de protección ha generado tipos penales o leyes especiales que no exponen en claro cuál es el contexto del delito de feminicidio. Salvo Colombia en su sentencia C-297/2016, ninguno de los países mencionados, han desarrollado al menos parámetros en su jurisprudencia referidos a las cuestiones probatorias o elementos a determinar un caso de feminicidio. (Bringas, 2017, p. 70).

El tratamiento del tipo penal del feminicidio ha ido variando conforme a la coyuntura político-social del Perú. Desde el año 2011 que se incorpora al ordenamiento jurídico penal, su tratamiento ha sido materia de diversos cambios hasta la actualidad.

La primera aparición del término feminicidio no la encontramos en el código penal, pero su antecedente más antiguo estuvo en el Plan Nacional Contra la Violencia Hacia la Mujer (2009-2015) que señalaba lo siguiente:

"Se conoce como feminicidio a aquellos homicidios de mujeres en condiciones de discriminación y violencia basada en género". (16)

1.1. LEY N° 29819, ANTECEDENTES

Hasta diciembre del 2011, no se regulaba ni se hacía mención un tipo penal de manera específica para los actos del feminicidio, ya que los delitos que se cometían contra la vida, se circunscribían a los institutos penales de homicidio simple, parricidio u homicidio calificado. Se incorpora el delito con la conclusión de que las figuras existentes no eran efectivas para sancionar estos hechos. Según el MIMP en el escrito, Intervención profesional frente al feminicidio, aportes desde los CEM para la atención y prevención en el año 2012 se presentaron los siguientes proyectos de ley para la incorporación de esta figura:

-Proyecto de Ley N° 3654 de la congresista Karina Beteta Rubín.

Propone incorporar el artículo 107°-A y modificar el artículo 107° del Código Penal, delito de feminicidio y parricidio (9-11-2009).

-Proyecto de Ley N° 3971 de la congresista Olga Cribilleros Shiginara.

Propone incorporar el artículo 107°-A y modificar el artículo 109° del Código Penal, referente a incorporar el delito de feminicidio (15-4-2010).

-Proyecto de Ley N° 4119, presentado por la congresista María Luisa Cuculiza Torres.

Propone modificar el artículo 108° del Código Penal, e incorporar el numeral 6, delito de feminicidio íntimo (17-06-2010).

-Proyecto de Ley N° 08 presentado por la congresista María Luisa Cuculiza Torres.

Vuelve a presentar el mismo proyecto anterior (4119). (4-08-2011).

-Proyecto de Ley N° 224, presentado por la congresista Nataly Condori Jahuira.

Propone modificar el artículo 107° e incorporar el artículo el artículo 107°-A al Código Penal, tipificando el delito de feminicidio íntimo (16-09-2011).

-Proyecto de Ley N° 350, presentado por los congresistas Molina Martínez Agustín, Rimarachin Cabrera, Gamarra Saldivar, Acha Romaní, Ruiz Loayza.

Proponen incorporar el artículo 107°-A al Código Penal, incorporando el delito de feminicidio (12-10-2011).

-Proyecto de Ley N° 537.

Poder Ejecutivo (MIMP) Propuso modificar el artículo 107° del Código Penal, incorporando el delito de feminicidio (23-11-2011). (MIMP, 2012, P. 34).

1.2. MODIFICACIÓN DEL ARTÍCULO 107°, FEMINICIDIO COMO MODALIDAD DEL DELITO DE PARRICIDIO

Como primera norma en donde se observa supuestos de hecho del delito de feminicidio la podemos encontrar en la Ley N° 29819 publicada y aprobada por el Ejecutivo en unanimidad el 27 de diciembre del 2011 a través del Diario "El Peruano", modificando el artículo 107° del código penal, con la inclusión de un párrafo que incluía el feminicidio, entre cónyuges, convivientes u relaciones análogas. El artículo 107° se dedicaba única y exclusivamente al desarrollo del delito de parricidio, con esta modificación se incorpora circunstancias del feminicidio a dicho artículo.

Anterior a la reforma, el artículo 107° advertía la conducta de, quien a sabiendas, mataba a su ascendiente, descendiente, natural o adoptivo, o a su cónyuge o concubino, exigiendo para su configuración que el sujeto activo, que podía ser mujer o varón, actuara con pleno conocimiento de los vínculos consanguíneos padre, hijo natural o jurídicos (hijo adoptivo), cónyuge, concubino que mantenían con su víctima, los mismos que debían estar vigentes al momento de su comisión.

Después de tal modificación, la redacción del artículo 107° quedaría en tres modalidades, primer párrafo, parricidio base, segundo párrafo, parricidio agravado, tercer párrafo, feminicidio, considerando este por el sexo y la relación de parentesco con la víctima. El artículo quedaría de la siguiente manera:

Artículo 107°.- Parricidio:

El que, a sabiendas, mata a su ascendiente, descendiente, natural o adoptivo, o a quién es o ha sido su cónyuge, su conviviente, o con quién esté sosteniendo o haya sostenido una relación análoga será reprimido con pena privativa de libertad no menor de quince años.

La pena privativa de libertad será no menor de veinticinco años, cuando concurran cualquiera de las circunstancias agravantes previstas en los numerales 1, 2, 3 y 4 del artículo 108. Si la víctima del delito descrito es o ha sido la cónyuge o la conviviente del autor, o estuvo ligada a él por una relación análoga el delito tendrá el nombre de feminicidio.

Aquí se distingue y se examina en su último párrafo al feminicidio, estableciendo que se da la figura en los supuestos de que la víctima y victimario hayan tenido un vínculo amoroso, el cual el sujeto activo haya sido cónyuge, ex cónyuge, conviviente u vinculado por otra relación análoga. De esta manera, se empezó a desarrollar una de las figuras penales más polémicas del ordenamiento jurídico penal en la actualidad. Pero hasta con la nueva reforma del artículo el feminicidio aún no era un delito independiente, se consideraba un supuesto de hecho del delito de parricidio, con esta modificación se propuso únicamente el feminicidio íntimo, dependencia que existía entre agresor y víctima, la acción se dirigía contra la esposa, conviviente o enamorada o cualquier otro vínculo. Pero ¿Qué pasaba con las muertes que sucedían fuera del matrimonio o afines?

Asimismo, después de la reforma, se transforma el delito de parricidio en una especie de parricidio/feminicidio con algunas modificaciones.

-El término "concubino" fue reemplazado por el término "conviviente".

-Fue adherido el uso de la frase "relación análoga".

-La permanencia de un vínculo entre el agresor y la víctima al momento de la agresión, así el vínculo haya fenecido. Es decir, se consideraba como feminicidio la muerte de una mujer ejecutada por su ex pareja.

La incorporación del delito de feminicidio como una característica del delito de parricidio, llegó a significar grandes avances y apoyo en la seguridad jurídica de manera muy reforzada otorgada por el Derecho Penal a los derechos y libertades de la mujer, pero criticada por su regulación al no ser adecuada como principal propósito su eliminación, las cuales motivaron una nueva regulación. (Carnero, 2017, p. 82).

Al momento de la promulgación de la Ley N° 29819 ya se encontraba en vigencia la Ley N° 26260 (Ley de Protección de Violencia Familiar) de 1993. Esta no abarcaba el fenómeno de violencia de género, pero sí establecía medidas de protección a la familia fijando límites, sancionando en lo que respecta a violencia en los supuestos siguientes: Cónyuges; convivientes; parientes colaterales hasta el cuarto grado de consanguinidad y segundo de afinidad; o quienes habitan en el mismo hogar, siempre que no medien relaciones contractuales o laborales. (Díaz, Rodríguez y Valega, 2019, p. 47). Entonces, ya existía una ley que protegía a los miembros de la familia y castigaba acciones que se cometían entre cónyuges, convivientes, como lo implanta el último párrafo de la (Ley 29819-Parricidio/Feminicidio) pero aun así el tipo penal del feminicidio no encontraba aún su autonomía legal por separado. Con la Ley N° 29819 se da un gran avance para prevenir y erradicar la violencia contra la mujer pero en algunos casos, la cual protegía únicamente a la mujer en violencia en uniones de hecho o matrimoniales u relaciones análogas (de pareja). Para ello, se propuso individualizar el delito, incorporar nuevos supuestos de hecho para todos los casos de violencia feminicida.

Debido al alza de violencia hacia las mujeres, surgió una necesidad de requerir se implemente una tipificación autónoma, en este caso llamándole homicidio contra las mujeres con una motivación de discriminación por el género, proclamándose en la Ley N° 30068, Ley del Feminicidio en el Perú. (Gómez, 2018, p. 24). (16)

1.3. ANTECEDENTES DE LA LEY N° 30068, LA AUTONOMÍA DEL FEMINICIDIO

Las conductas de los agresores no solo comprendían situaciones en las que el homicida asesinaba a una mujer en un fuero íntimo, no solo por ser su esposa, pareja, ex pareja, conviviente, en el contexto de cualquier relación sentimental, el Estado se ve obligado a ampliar el ámbito del delito. Es así que este pasa a propagarse en cualquier situación en donde la vida e integridad de la mujer esté en peligro sin tener ningún tipo de relación entre los sujetos. Ante tal incremento de homicidios y violencia se crea la ley n° 30068 que amplía la esfera de agentes.

El feminicidio deja de ser una modalidad agravada del delito de parricidio para tener su propia autonomía, con esto se pretende reforzar las libertades y derechos de las mujeres. La tipificación autónoma del delito de feminicidio se regula por primera vez con la Ley N° 30068 del 18 de julio del 2013 en su artículo 108-B debido a que las cifras de violencia en contra de la mujer iban en aumento y la sociedad reclamaba una solución para frenar tales crímenes.

Con tal modificación se amplía su rango de sanción a los hechos que no solamente involucraban violencia en el entorno de una relación matrimonial, de unión de hecho o cualquier tipo relación análoga únicamente. Abarca también los hechos comprendidos como el feminicidio no íntimo, sanciona con pena privativa de libertad hasta llegar a cadena perpetua con dos a más escenarios agravantes. El artículo señalaba taxativamente lo siguiente:

Artículo 108-B.- Feminicidio:

Será reprimido con pena privativa de libertad no menor de quince años el que mata a una mujer por su condición de tal, en cualquiera de los siguientes contextos:

1. Violencia familiar;

2. Coacción, hostigamiento o acoso sexual;

3. Abuso de poder, confianza o de cualquier otra posición o relación que le confiera autoridad al agente;

4. Cualquier forma de discriminación contra la mujer, independientemente de que exista o haya existido una relación conyugal o de convivencia con el agente.

La pena privativa de libertad será no menor de veinticinco años, cuando concurra cualquiera de las siguientes circunstancias agravantes:

1. Si la víctima era menor de edad;

2. Si la víctima se encontraba en estado de gestación;

3.Si la víctima se encontraba bajo cuidado o responsabilidad del agente;

4.Si la víctima fue sometida previamente a violación sexual o actos de mutilación;

5.Si al momento de cometerse el delito, la víctima padeciera cualquier tipo de discapacidad;

6.Si la víctima fue sometida para fines de trata de personas;

7.Cuando hubiera concurrido cualquiera de las circunstancias agravantes establecidas en el artículo 108.

La pena será de cadena perpetua cuando concurran dos o más circunstancias agravantes.

1.3.1. PRINCIPALES NOVEDADES

Este nuevo delito, tiene un alcance mucho más amplio para sancionar las conductas ilícitas cometidas por el agente, no se va a limitar únicamente a una relación entre víctima y victimario, su rango de aplicación abarca a todas las circunstancias en donde se vea en peligro la vida de la mujer.

Como principales novedades se establecen contextos y condiciones agravantes en donde se configura el delito. Este nuevo delito de feminicidio acoge los tres tipos de feminicidio que estudiamos anteriormente, el feminicidio íntimo, relaciones de pareja, familiares, el feminicidio no íntimo, hombres con los cuales no había tenido ningún tipo de relación y por conexión, agresiones sexuales o situaciones de violencia como ser víctimas de un asalto, atacada por el agresor.

La creación y posterior complemento del nuevo delito de feminicidio situado en el artículo 108-B del Código Penal, se crea con características como la prevención, prohibición y sanción de aquellas conductas en contra de las mujeres, esto, en atención a la revuelta social generada, a los datos y estadísticas criminológicas aportadas por el Ministerio Público y sobre todo de movilizaciones feministas sobre la intromisión del Derecho Penal para contrarrestar y suprimir las cifras de homicidios de mujeres por varones por la cuestión de género, al considerarlo como el medio más idóneo. (Peña, 2013, p. 278-285).

Una de las formas de eliminar todo tipo de violencia y discriminación en contra de las mujeres, es la creación de normas penales con su propia autonomía, esto con la finalidad de sancionar a los infractores que se manifiesten contra ellas. (Laporta, 2012, p. 60). Tras esta mención, muchos juristas concuerdan que el problema de violencia en contra de las mujeres va mucho más allá de lo que el Derecho Penal pueda resolver, es un problema social que comienza en una crisis dentro la familia, como se observaba tras la promulgación de estas leyes las cifras de feminicidio iban en aumento.

En mayo del 2015 se promulgaba la Ley N° 30323 adicionando la pena de inhabilitación e incapacidad para el ejercicio de la patria potestad, tutela o curatela cuando el agente tenga hijos con la víctima. Mediante la Ley N° 30506 (Ley que delega en el poder ejecutivo la facultad de legislar) se publica el 6 de enero del 2017 el Decreto Legislativo 1323 (Decreto Legislativo que fortalece la lucha contra el feminicidio, la violencia familiar y la violencia de género). Así lo establece en su artículo 104°la Constitución Política del Perú precisando que:

"El congreso puede delegar en el Poder Ejecutivo la facultad de legislar, mediante decretos legislativos, sobre la materia específica y por el plazo determinado establecidos en la ley autoritaria".

Cabe indicar que el artículo 1° de la misma Ley N° 30506 indica el objeto de esta. Precisar que se delega la facultad de legislar por el plazo de noventa días calendario. El artículo en mención señala lo siguiente:

Artículo 1. Objeto de la Ley

Delégase en el Poder Ejecutivo la facultad de legislar, por el plazo de noventa (90) días calendario, en materia de reactivación económica y formalización, seguridad ciudadana, lucha contra la corrupción, agua y saneamiento y reorganización Petroperú S.A., en los términos a que hace referencia el artículo 104 de la Constitución Política del Perú y el artículo 90 del Reglamento del Congreso de la República.

En el artículo 2 numeral 2 de la Ley N° 30506 establece que el Ejecutivo puede legislar en materia de seguridad ciudadana a fin de:

Modificar la legislación penal y procesal penal y de ejecución penal con el objeto de revisar la regulación vigente del delito de feminicidio y sus agravantes, la terminación anticipada y la confesión sincera, y la regulación vigente de los beneficios penitenciarios, para combatir la violencia familiar y la violencia de género, así como proteger los derechos de las mujeres, niñas y niños, y adolescentes, independientemente del vínculo de parentesco con los agresores y víctimas de dichos delitos.

El requisito fundamental previsto por la Constitución Política del Perú señala que para la emisión de una ley autoritativa y posteriormente un decreto legislativo, esta sea sobre la materia específica. En este caso, la protección penal se está considerando erróneamente como una forma de combatir la inseguridad ciudadana, especialmente en violencia familiar y violencia de género, plasmado en el artículo arriba mencionado.

Tras la publicación del Decreto Legislativo 1323, se genera diferentes posturas a favor y otras muy en contra de dicha norma. En contra, al señalar que las facultades otorgadas del ejecutivo fueron excesivas al fortalecer y agravar las penas del delito de feminicidio, violencia familiar y violencia de género respectivamente. Por otro lado, agregando a la orientación sexual y la identidad sexual como móviles que agravan el delito, calificándose como condiciones protegidas de cualquier forma de intolerancia y discriminación.

La Comisión de Constitución del Congreso, propuso eliminar del Código Penal la orientación sexual y la identidad de género como agravantes en delitos de discriminación e incitación a la discriminación y odio que incorporó el Decreto Legislativo 1323. Con fecha 4 de abril del 2017, la Comisión presidida por el congresista fujimorista Miguel Ángel Torres votó en contra de la propuesta del ejecutivo, con 10 votos a favor frente a 6 en contra y con la mayoría de votos a favor de la bancada fujimorista se derogó parcialmente el D.L 1323, señalando que el ejecutivo excedió las facultades delegadas por el legislativo. Tras la polémica, el congresista de peruanos por el Kambio (Alberto de Belaúnde) y la congresista de Frente Amplio (Indira Huilca, Marisa Glave) señalaron que se vulneraron los derechos humanos de la población LGTBI y una desprotección de las mujeres con la anulación de esta norma.

Díaz et al. (2019) en su libro Feminicidio, Interpretación de un delito basado en género" señalaban que:

El D.L 1323 incluye como agravante el hecho de que la víctima sea adulta mayor, cambiando el término de "padece" a "tiene" discapacidad, sometimiento a trata de personas, en cualquier tipo de explotación humana. Asimismo, se instaura como agravantes: La comisión del delito en presencia de hijas o hijos de la víctima o aquellos que se hayan encontrado bajo su cuidado (Díaz et al. 2019, p. 49).18

1.4. LEY N° 30819, ÚLTIMA MODIFICATORIA DEL DELITO DE FEMINICIDIO

Mediante la Ley N° 30819, publicada por el Diario "El Peruano" el 13 de julio del 2018, se amplía la penalidad del delito y se integran nuevas situaciones agravantes que configuran el delito del feminicidio para con quien genere violencia contra la mujer y miembros de la familia. Por otro lado, la presente ley también modifica los artículos referentes a los delitos de: Lesiones graves (Art. 121), Lesiones graves por violencia contra las mujeres e integrantes del grupo familiar (121-B), Lesiones leves (Art. 122), Lesión dolosa y Lesión culposa (Art. 441) y Maltrato (Art. 442). Del mismo modo se modifican los artículos 75° literal H) y 77° literal D) del Código del Niño y el Adolescente, ordenando la suspensión y por consiguiente la extinción de la Patria Potestad.

Tras la modificación, el delito del feminicidio sigue su regulación en el artículo 108-B del Código Penal, sancionando las conductas que vulneren la integridad física de una mujer por su condición de tal (género) en los siguientes presupuestos:

Artículo 108-B.- Feminicidio

Será reprimido con pena privativa de libertad no menor de veinte años el que mata a una mujer por su condición de tal, en cualquiera de los siguientes contextos:

1. Violencia familiar.

2. Coacción, hostigamiento o acoso sexual.

3. Abuso de poder, confianza o de cualquier otra posición o relación que le confiera autoridad al agente.

4. Cualquier forma de discriminación contra la mujer, independientemente de que exista o haya existido una relación conyugal o de convivencia con el agente.

La pena privativa de libertad será no menor de treinta años cuando concurra cualquiera de las siguientes circunstancias agravantes:

1. Si la víctima era menor de edad o adulta mayor.

2. Si la víctima se encontraba en estado de gestación.

3. Si la víctima se encontraba bajo cuidado responsabilidad del agente.

4. Si la víctima fue sometida previamente a violación sexual o actos de mutilación.

5. Si al momento de cometerse el delito, la víctima tiene cualquier tipo de discapacidad.

6. Si la víctima fue sometida para fines de trata de personas o cualquier tipo de explotación humana.

7. Cuando hubiera concurrido cualquiera de las circunstancias agravantes establecidas en el artículo 108.

8. Si, en el momento de cometerse el delito, estuviera presente cualquier niña, niño o adolescente.

9. Si el agente actúa en estado de ebriedad, con presencia de alcohol en la sangre en proporción mayor de 0.25 gramos-litro, o bajo efecto de drogas tóxicas, estupefacientes, sustancias psicotrópicas o sintéticas.

La pena será de cadena perpetua cuando concurran dos o más circunstancias agravantes.

En todas las circunstancias previstas en el presente artículo, se impondrá la pena de inhabilitación conforme a los numerales 5 y 11 del artículo 36 del presente Código y los artículos 75 y 77 del Código de los Niños y Adolescentes, según corresponda.

¿Qué cambios se pueden observar en el modificado artículo penal? Se resaltan los siguientes:

-La Pena: Desde la Ley N° 30068 del año 2013, funcionando como delito autónomo del feminicidio se establecía que la pena privativa de libertad para el agente era no menor de 15 años. Con la nueva modificación, se aumenta la pena mínima en 20 años.

-Penalidad en circunstancias agravantes: De igual manera, desde la ley N° 30068 del año 2013, la pena mínima cuando concurran circunstancias agravantes era no menor de 25 años, Con la nueva modificatoria se aumenta en no menor de 30 años en sus formas agravadas del ilícito.

-Incorporación de otros supuestos agravantes:

-Numeral 8. Si, en el momento de cometerse el delito, estuviera presente cualquier niña, niño o adolescente.

-Numeral 9. Si el agente actúa en estado de ebriedad, con presencia de alcohol en la sangre en proporción mayor de 0.25 gramos-litro, o bajo efecto de drogas tóxicas, estupefacientes, sustancias psicotrópicas o sintéticas.

En lo que respecta a la pena de cadena perpetua esta aún se mantiene, esto al concurrir dos o más circunstancias agravantes para ser acreedor.

Notas:

15. Ministerio de la Mujer y Desarrollo Social. (2010). *Plan nacional contra la violencia hacia la mujer (2009 – 2015)* p. 7.

16. Gómez, A. (2018). *Tipificación del feminicidio desde la perspectiva de los operadores de justicia-Santa Anita-2018* (tesis de pregrado). Universidad César Vallejo, Lima-Perú. p, 24.

17. 17. Díaz, Rodríguez y Valega (2019). *Feminicidio, Interpretación de un delito basado en género.* Tarea Asociación Gráfica Educativa. Lima-Perú. p, 49

04. EL DELITO DE FEMINICIDIO

1. DESCRIPCIÓN DEL DELITO DE FEMINICIDIO

En este capítulo estudiaremos y desarrollaremos los elementos, contextos y circunstancias agravantes del delito de feminicidio conforme al pronunciamiento de la Corte Suprema en su X pleno Jurisdiccional (Acuerdo plenario N° 001-2016/CJ-116) del año 2017.

1.1. TIPO PENAL

Mediante el artículo 108-B del código penal peruano, se determina el tipo penal del feminicidio, conocido como el nomen iuris o primacía de la realidad en el feminicidio u homicidio de autor. (Rivera, 2017, p. 42). El tipo penal es la representación de la conducta que se va a castigar, allí también podemos encontrar el verbo rector. Por ejemplo, el artículo 106° (Homicidio) estipula en su tipo penal "el que mata a otro" y su verbo rector sería el "matar". En el caso del delito de feminicidio su tipo penal presupone lo siguiente: "El que mata a una mujer por su condición de tal" y su verbo rector es el mismo "matar". El tipo penal siempre debe tener un verbo rector, pero hay algunos tipos penales que tienen más de dos verbos rectores.

En el siguiente concepto, los tipos penales conforman una serie de oraciones gramaticales sujetas en normas penales ubicadas en la parte especial del Código Penal con una abstracta descripción objetiva y subjetiva de conductas que vulneran bienes jurídicos. (Vega, 2016, p. 56). El congreso aprobó por unanimidad una última modificatoria al delito de feminicidio en el Código Penal.

1.2. EL BIEN JURÍDICO PROTEGIDO

El feminicidio, al estar incluido en la sección de delitos contra la vida, el cuerpo y la salud del código penal, su bien jurídico tutelado por ley es la vida humana independiente de la mujer. Así lo señala la Corte Suprema en el Acuerdo Plenario N° 001-2016/CJ-116:

37. Para la determinación del bien jurídico, es un criterio referencial de entrada, tanto la ubicación sistemática de los tipos penales, como la denominación con que han sido rotulados el conglomerado de tipos penales. En este sentido, el feminicidio ha sido ubicado como un delito contra la vida, el cuerpo y la salud. De esta omnicomprensiva denominación del Título Primero, de la Parte Especial del Código Penal, ha de delimitarse cuál es el objeto jurídico de protección. La doctrina es conteste en afirmar que el bien jurídico protegido en el homicidio, en cualquiera de sus formas, es la vida humana. El feminicidio no puede ser la excepción. (Corte Suprema, 2017, fundamento 37).

Por otro lado, y es de suma importancia añadir esto. La Corte Suprema equipara en un mismo valor la protección e importancia de la vida humana del hombre como la de la mujer en el ordenamiento jurídico penal al decir lo siguiente:

38. La vida humana se protege por igual en el sistema penal. No existen razones esenciales o sustentadas en la naturaleza de las cosas para que se entienda que la vida del hombre o de la mujer deba tener mayor valor y, por ende, ser más protegidas. (Corte Suprema, 2017, fundamento 38).

Y citando a Benavides Ortiz, al decir que: Los bienes jurídicos se distinguen por el mayor o menor interés que revisten para el Estado y no por la frecuencia estadística con que ocurre su vulneración.

Debemos tener en cuenta y tomar con mucha preocupación al examinar este tipo de normas, ya que la vida de la mujer con delitos como este en el estado constitucional de derecho del Perú, tendría mayor valor que la vida del hombre. Como hacíamos referencia en la parte de la introducción de este documento señalando que el delito de feminicidio se da gracias a los inmensos trabajos de la escuela feminista al incorporarlo como delito en el sistema penal peruano, lo único que hace es dar mayor seguridad jurídica a la vida de la mujer. Matar a un varón por ser varón merecería una penalidad entre seis y veinte años, caso contrario al del feminicidio, que si se mata a una mujer por ser mujer este califica entre veinte a treinta y cinco años de pena privativa de libertad. La incógnita es la siguiente ¿Por qué la conducta del varón tendría más sanción si el bien jurídico lesionado es el mismo, la vida humana? La Corte Suprema realiza un trabajo muy eficaz, con mucha validez y valentía dada la importancia del caso al redefinir que la vida humana del varón como la de la mujer tiene un mismo valor y protección para el Estado.

1.3. TIPICIDAD OBJETIVA

1.3.1. SUJETO ACTIVO

Es aquel que realiza la conducta activa u omisiva. En el delito de feminicidio se utiliza el mismo concepto gramatical al igual que en la mayoría de delitos del código penal, "el que". Con estas palabras, no habría una mayor importancia en su análisis, ya que esa locución se presupone o se interpreta que cualquier persona puede cometer el ilícito, independientemente de su sexo, etnia, idioma, etc. Pero en el delito de feminicidio ocurre algo muy especial, solo un hombre puede ser el sujeto activo, esto al provocar la muerte de una mujer por su condición de mujer. Tanto es así, que en el mismo plenario se señala que solo podrán ser autores los varones, por eso el delito del feminicidio es considerado un delito de autor, algo muy contradictorio.

32. El sujeto activo en los delitos comunes tiene una misma presentación en el Código Penal. En general, el sujeto activo es identificable, por el uso de la locución pronominal "El que" y designa a la persona que puede realizar el tipo penal. En los delitos de homicidio se sigue igualmente el mismo estilo gramatical. Ahora bien, por la descripción general de las conductas homicidas, no existe duda alguna que con esta locución pronominal se alude, como sujeto activo, tanto al hombre como a la mujer. Cuando en el Código Penal se quiere circunscribir la condición de agente a sujetos cualificados o específicos (delitos especiales), se les menciona expresamente. Es el caso del delito de auto aborto o de aborto con abuso profesional, en donde los sujetos activos son "la mujer" o "el médico" respectivamente. (Corte Suprema, 2017, fundamento 32).

33. Solo puede ser sujeto activo de este delito un hombre, en sentido biológico, pues la muerte causada a la mujer es por su condición de tal. Quien mata lo hace, en el contexto de lo que es la llamada violencia de género; esto es, mediante cualquier acción contra la mujer, basada en su género, que cause la muerte, Así las cosas, solo un hombre podría actuar contra la mujer, produciéndole la muerte, por su género o su condición de tal. Esta motivación excluye entonces que una mujer sea sujeto activo. (Corte Suprema, 2017, fundamento 33).

Esto quiere decir que, se deja fuera de alcance que una mujer sea el sujeto activo. El fundamento no lo menciona de manera puntual, por eso es considerado un delito especial o delito privilegiado para la doctrina, y esto muy a parte de todos los errores legislativos que podamos encontrar. Por otro lado, la Corte Suprema refiere que solo un hombre, asumiendo un criterio biológico puede cometer el delito de feminicidio, dejando de lado la autopercepción que pueda tener cualquier persona respecto a su identidad sexual.

34. En este sentido, aun cuando el tipo penal no lo mencione expresamente, el delito de feminicidio es un delito especial. Solo los hombres pueden cometer este delito, entendiendo por hombre o varón a la persona adulta de sexo masculino. Se trata de un elemento descriptivo que debe ser interpretado, por tanto, en su sentido natural. No es un elemento de carácter normativo que autorice a los jueces a asimilar dicho término al de identidad sexual. Tal interpretación sería contraria al principio de legalidad. (Corte Suprema, 2017, fundamento 34).

1.3.2. SUJETO PASIVO

Es el titular del bien jurídico. En este caso, el sujeto pasivo tiene que ser estrictamente una persona del sexo femenino. Considerado un sujeto específico y en aplicación de su ámbito en donde pueda ejecutarse, comprende todos los tipos de feminicidio que se pueda encontrar, siendo irrelevante su raza, religión, idioma, en cualquier tipo de sus contextos, como violencia familiar, u en una relación de amistad, entre otros, la condición principal es que esta sea una mujer.

35. A diferencia del caso anterior, la identificación del sujeto pasivo del feminicidio es más clara. La conducta homicida del varón recae sobre una mujer. Ella es igualmente la titular del bien jurídico tutelado-vida humana y objeto material del delito, pues sobre ella recae la conducta homicida. Tampoco es posible, por exigencia del principio de legalidad, que se la identifique con la identidad sexual. (Corte Suprema, 2017, fundamento 35).

36. En el caso del sujeto pasivo puede ser una mujer adulta, menor de edad o adulta mayor. En el primer caso, la muerte de la víctima configura un feminicidio simple. En los últimos casos, dicha circunstancias, califican la conducta feminicida. (Corte Suprema, 2017, fundamento 36).

La Corte Suprema, también aclara y exige que la víctima deba tener la condición de una mujer, basados en criterios biológicos. Se deja fuera toda posibilidad de identidad sexual, fuera todo tipo de autopercepción al suponer que una persona sea considerada como mujer cuando biológica y anatómicamente no lo es. En este caso, los transexuales no encajarían como sujetos pasivos de la figura del feminicidio.

Cristina Valega y Julio Rodríguez, abogados del grupo de investigación de Derecho género y sexualidad de la PUCP, realizan un análisis crítico del Acuerdo Plenario N° 001-2016/CJ-116 sobre los alcances del delito al hacer énfasis respecto a la problemática del sujeto pasivo del feminicidio, todo esto redactado en el portal de internet "Enfoque de derecho". Ellos señalaban lo siguiente:

Totalmente incorrecto e injusto que una mujer trans no puede tener la condición de víctima para el delito de feminicidio. Como se ha estudiado los delitos de os feminicidios no derivan de una causa fundamentada en su razón biológica, por el contrario, esto en base a estereotipos de género que la sociedad permite subordinado en lo que se entiende hoy en día por femenino. Si alguien matare a una mujer trans o cisgénero con las circunstancias de subordinación de lo femenino se perpetúa los estereotipos que la sociedad impuso culturalmente en la lógica de la discriminación estructural contra las mujeres, lesionando derecho en igualdad y bienes jurídicos tutelados por ley. Por eso la autora estima que debe considerarse a las mujeres trans como víctimas del delito de feminicidio y señala a la Corte Suprema en equivocarse en excluirlas de ser posibles sujetos pasivos del delito. (18)

Consideran que una persona transexual, hombre convertido en una mujer, eso sí, estética y culturalmente hablando, ya que no se puede modificar el sexo porque es algo inherente al ser humano, debe ser estrictamente merecedora al trato legal de una verdadera mujer al ser asesinada por un hombre, algo que no compartimos, ya que la Corte Suprema fue bien clara al señalar que solo puede ser víctima del feminicidio las cuales que, por su condición biológica y anatómicamente natural son mujeres. Para la Corte Suprema, fue uno de los puntos más críticos fundamentar esta condición para la configuración del delito muy aparte de examinar por qué se comete esos actos y determinar contextos por los cuales se produce la violencia.

1.4. TIPICIDAD SUBJETIVA

El feminicidio es un tipo penal eminentemente doloso, imputando los hechos cometidos por el agente el cual actúo con el conocimiento y la voluntad necesaria para su configuración, el objetivo es dar muerte a la mujer.

Abarcando la teoría del funcionamiento, el feminicidio se presenta como un tipo doloso al implicar que se imputará el hecho delictivo al sujeto con el conocimiento suficiente de que con su actuación cuestiona una serie de elementos contenida en la norma penal, da muerte, habiendo tenido la posibilidad de actuar como un ciudadano fiel a derecho y evitar su defraudación. (García, 2008, pp. 400, 405).

Es decir, el feminicida conscientemente conceptúa con su conducta un riesgo idóneo para la aparición de un resultado dañoso, un daño irreversible al quitar la vida a una mujer por su condición de mujer, y a pesar de poder evitarlo esto lo obligaría a desistirse o interrumpir tal conducta peligrosa, prolonga su actuación.(Carnero, 2017, p.107).

46. El feminicidio es un delito doloso. En el contexto presente, el dolo consiste en el conocimiento actual que la conducta desplegada por el sujeto activo era idónea para producir la muerte de la mujer, produciendo un riesgo relevante en la vida de ésta y se concretó en su muerte. No se trata de un conocimiento certero de que producirá el resultado muerte. Es suficiente que el agente se haya representado, como probable, el resultado. Por ende, el feminicidio puede ser cometido por dolo directo o dolo eventual. (Corte Suprema, 2017, fundamento 46).

El dolo en el delito de feminicidio, vendría a ser la misoginia, odio y desprecio hacia las mujeres, se configuraría en primer lugar un dolo directo, matar a una mujer por ser mujer, con conocimiento y voluntad.

48. Pero, el legislador al pretender dotar de contenido material, el delito de feminicidio y, con ello, convertirlo en un tipo penal autónomo, introdujo un elemento subjetivo distinto al dolo. Para que la conducta del hombre sea feminicidio no basta con que haya conocido los elementos del tipo objetivo (condición de mujer, idoneidad lesiva de la conducta, probabilidad de la muerte de la mujer, creación directa de un riesgo al bien jurídico), sino que además haya dado muerte a la mujer "por su condición de tal". Para la configuración del tipo penal al conocimiento de los elementos del tipo objetivo, se le agrega un móvil: el agente la mata motivado por el hecho de ser mujer. El feminicidio deviene así en un delito de tendencia interna trascendente. (Corte Suprema, 2017, fundamento 48).

En el dolo eventual el autor se representa el resultado como probable o de posible realización, el sujeto no quiere producir el resultado pero este sigue adelante, obviamente aceptando la realización de lo que podría pasar. La doctrina establece tres tipos de dolo en el delito de feminicidio, el dolo directo, indirecto y el dolo eventual. Consideramos que en el delito de feminicidio solo existiría un tipo de dolo, el dolo directo, el cual es cuando el autor actúa con conocimiento y voluntad del hecho para producir un resultado. Por ejemplo, A apunta con una pistola en la cien a B, y le dispara directamente a sabiendas que le provocará la muerte. No podría manifestarse un dolo indirecto ni un dolo eventual, ya que en ese tipo de dolo el agente teniendo conocimiento sobre la probabilidad de que tal conducta genere un resultado lesivo a priori, la continua pero sin querer hacer un daño directo a una víctima secundaria con su conducta. En este caso si nos referimos al delito de feminicidio, sería el daño a una mujer.

No se configuraría un dolo en estas circunstancias, por ejemplo al colocar una bomba en la casa de su víctima principal sabiendo que a su lado se encuentra una mujer, su esposa, a la cual este no quiere matar pero sin embargo su propósito era matar al esposo y al no tener más opción realiza el hecho sabiendo que ella también puede morir. Si en el delito de feminicidio, la conducta fundamental y la cual el tipo penal sanciona es la misoginia por la cual el autor ejecutó tales actos, no se manifestaría en un dolo eventual ni indirecto ya que no tenía un propósito de matar a aquella mujer, ni tampoco tenía un desprecio ni mucho menos odio hacia aquella persona. Simplemente realizó tales actos para dar con el objetivo que era matar en primer lugar al esposo, que por muy mala suerte estaba acompañado por su esposa, pero sin importarle las consecuencias el autor siguió planificando y ejecutando el ilícito.

1.5. CONDUCTA

El comportamiento consiste en matar a otra persona, específicamente a una mujer, importan de manera muy concreta los medios en las que el autor realizó el crimen para calificar las circunstancias agravantes, en este caso su penalidad se agravaría. Si el agente mata a una mujer con un disparo, se configuraría feminicidio de primer nivel, pero si le rocía combustible, le prende fuego y esta fuera una menor de edad sería un feminicidio de segundo nivel (feminicidio agravado) y además por configurar dos situaciones agravantes le correspondería la pena de cadena perpetua.

En su mayoría, los móviles por las cual actúa el imputado son provocados por los celos, el temor a ser olvidados o ante la negativa de no ser correspondido o que la víctima quiso iniciar otro tipo de relación, por venganza al punto de ejercer control sobre aquella mujer cometiendo las agresiones en contra de su integridad y libertad constitucionalmente consagradas como dignidad de la persona humana y su conducta, orientada por el rechazo al género femenino, deberá encuadrarse en alguno de los contextos fijados por el delito. Usualmente, los contextos en los que tiene lugar tales conductas en su mayoría se producen en el entorno familiar, hablamos de cónyuges, o en relaciones sentimentales sin matrimonio como ex cónyuges, novios, concubinos, relaciones amicales, laborales u académicas. En estos últimos, el acoso sexual contra la mujer es una maña frecuente en la sociedad. (Carnero, 2017, p. 95).

1.6. TENTATIVA

La tentativa o también conocida como el tipo de imperfecta realización, es la figura por la cual el agente ejecutó todos los actos preparatorios del injusto penal pero sin llegar a su consumación. El autor tiene toda la intención de acabar, matar a una mujer pero por algunas circunstancias que lo hacen desistir del hecho o por idoneidad del medio empleado (tentativa inidónea) no pudo llegar a concretarlo.

Por ejemplo: Juan toma un arma de fuego (pistola) y dispara directamente a su esposa, ella al presumir el accionar de Juan, se aparta a un lado para evitar un resultado negativo, pero lastimosamente el disparo le impacta en el hombro.

Como tipo penal de posible resultado, el feminicidio admite todas las formas de tentativa que puedan observarse. Si bien el agente no pudo lograr el objetivo propuesto en el caso de feminicidio, estas acciones pueden producir lesiones según la intensidad del acto, sería necesario observar las pruebas con mucha objetividad, las cuales van a determinar que el sujeto se dirigía a eliminar a su víctima (mujer). En la mayoría de casos al no consumar este delito se les imputaría por tentativa de feminicidio o por el delito de lesiones. La tentativa la encontramos en el artículo 16 del código penal.

1.7. AUTORÍA Y PARTICIPACIÓN

El autor, es el agente principal que ejecuta el delito, aquel quien tiene dominio del hecho y se diferencia de los partícipes y coautores. Este no necesita de nadie más en algunos casos ya que es el único interviniente para la ejecución del ilícito. En las circunstancias que el delito de feminicidio establece, está condicionado a que el único autor principal sea un hombre por constituir el tipo penal.

El código penal en su artículo 23 nos señala sus tipos: Autor directo, el hombre que actúa por sí mismo para la realización del hecho, autor mediato, aquella persona que ejecuta un hecho delictivo por medio de otro, aquella persona en la que el autor no llega a realizar directa ni personalmente el delito, este se sirve de otra persona que generalmente también tiene responsabilidad, quien a final de cuentas realiza la conducta típica. (Peña, 1997, p.339). Fundamentalmente en esta figura el autor no cumple en persona la acción, utiliza como instrumento a otra persona, así tenemos el clásico ejemplo del sicario, que mata por lucro en órdenes de otra persona, autor material del crimen, así podemos observar la intervención de dos sujetos.

En el caso del coautor, son dos o más personas las cuales realizan en conjunto un hecho delictivo.

Muy aparte, existen sujetos que aportaron desde una posición a que el delito se realice y alcanzando algún tipo de penalidad a estos en alguna oportunidad. Esta o estas personas forman parte del delito como cómplices o instigadores, quedando fuera del concepto de autores. Los presupuestos generales que solventan la participación la podemos encontrar en los numerales 24 y 25 del código penal.

La participación comprende a la instigación y complicidad, colaborando dolosamente para la configuración de un ilícito. Refiriéndonos al delito de feminicidio, por ejemplo, el amigo que instiga al esposo a matar a su esposa por suponer que lo está engañando, lo instiga a cometer el delito, persuadiendo o amenazando de alguna forma. La complicidad también es una forma de participación, el cómplice ayuda a la ejecución del delito. Por ejemplo, vigilancia a la víctima, facilitar medios materiales, consejos sobre los momentos favorables y desfavorables de la víctima para el momento de la ejecución.

1.8. CONSUMACIÓN

La consumación es la realización del hecho delictivo, producida al realizar todos los elementos comprendidos en la figura del delito. En el delito de feminicidio se adquiere dicha consumación cuando el sujeto activo pone fin a la vida del sujeto pasivo. Es decir, la figura del feminicidio se configura con la muerte de una mujer.

1.9. PENA

Se le impondrá una pena privativa de libertad no menor de 20 años ni mayor de 35 años como feminicidio básico, en la circunstancia de feminicidio agravado la pena será no menor de 30 años, cuando concurran dos o más circunstancias agravantes la pena será de cadena perpetua. Si el agente tenía hijos con la víctima, será reprimido con la pena de inhabilitación proscrita en el artículo 36 del código penal en el inciso cinco, la cual produce incapacidad para el ejercicio de la patria potestad, tutela o curatela.

Si el agente es habitual, se le aumentará la pena hasta en un tercio por encima del máximo legal fijado para el feminicidio hasta llegar a la cadena perpetua sin ninguna clase de beneficios penitenciarios. En la reincidencia, sí son aplicables dichos beneficios, pero se aumenta la pena hasta en una mitad por encima del máximo legal fijado. Asimismo, a pagar una indemnización por daños y perjuicios conforme al artículo 92 del código penal, la cual debe ser declarada en la sentencia junto a la pena impuesta. Cabe resaltar que, la Comisión Revisora del Proyecto del Código Penal actual decidió impedir de dicho proyecto la reincidencia y la habitualidad, dichas instituciones jurídicas lesionan el principio de non bis in ídem (nadie puede ser juzgado por lo mismo dos veces) en cuanto castigan al imputado por su pasado y antecedentes, propio del derecho penal de autor. Estas figuras carecen de sentido y lógica jurídica, solo con un nuevo delito puede elevarse la pena ya que viendo la realidad actual se demuestra que las penas que se imponen con la reincidencia y habitualidad no han servido para disminuir tales delitos.

No sería justo en castigar aumentando la pena del imputado por el modo de vida que lleva o por delitos anteriores cuando en alguna oportunidad aquella persona ya pagó sus actos con consecuencias penales con anterioridad. En el cuadro siguiente podemos observar los elementos del delito de feminicidio.

Descripción típica	Artículo 108°-B.- Será reprimido con pena privativa de libertad no menor de veinte años el que mata a una mujer por su condición de tal
Bien jurídico tutelado	La vida de una mujer
Sujeto activo	Estrictamente un varón
Sujeto pasivo	Estrictamente una mujer
Conducta	El comportamiento consiste en matar a una mujer
Elemento subjetivo	A título de dolo
Elementos objetivo-normativo	- Violencia familiar; - Coacción, hostigamiento o acoso sexual; - Abuso de poder, confianza o de cualquier otra posición o relación que le confiera autoridad al agente: - Discriminación, independientemente de que exista o haya existido una relación conyugal o de convivencia con el agente.
Tentativa	Jurídicamente es admitida
Consumación	Se consuma con la muerte de la mujer
Pena	No menor de 20 ni mayor de 35 años

FEMINICIDIO

Elaboración propia

2. CONTEXTOS EN LOS QUE SE PRODUCE EL FEMINICIDIO

El tipo penal de feminicidio determina las siguientes circunstancias o presupuestos en los que se configuraría la conducta propia de este delito. Con la última modificación podemos apreciar claramente todos los tipos de feminicidio estudiados. Los presupuestos materiales del delito de feminicidio son:

1. La violencia familiar;

2. La coacción, hostigamiento y acoso sexual;

3. El abuso de poder, confianza o de cualquier otra posición o relación que confiere autoridad al agente;

4. Cualquier forma de discriminación contra la mujer, independientemente de que exista o haya existido una relación conyugal o de convivencia con el agente.

2.1. VIOLENCIA FAMILIAR

Este contexto es fundamental delimitarlo, ya que es el escenario más recurrente en los casos de feminicidio. (Corte Suprema, 2017, fundamento 54).

En concordancia con:

55. Para delimitar este contexto, es de considerar cuál es la definición legal de la violencia contra las mujeres se debe considerar lo establecido en el artículo 5° de la Ley para prevenir, sancionar y erradicar la violencia contra las mujeres y los integrantes del grupo familiar. Al respecto, se la define como "cualquier acción o conducta que les causa muerte, daño o sufrimiento físico, sexual o psicológico por su condición de tales, tanto en el ámbito público como en el privado". (Corte Suprema, 2017, fundamento 55).

La Ley 30364, Ley para prevenir, sancionar y erradicar la violencia contra las mujeres y los integrantes del grupo familiar define a la violencia contra las mujeres de la siguiente manera:

Cualquier acción o conducta que les cause muerte, daño o sufrimiento físico, sexual o psicológico por su condición de tales, tanto en el ámbito público como en el privado.

La violencia familiar, genera dos elementos 1. El violento, persona quien tiene la fuerza física suficiente para abusar sobre otro miembro de su misma familia y 2. La violentada, persona quien sufre el maltrato familiar, en este caso la mujer.

Para la configuración del tipo penal, se requiere que la agresión o maltratos físicos o psicológicos sean los que produzcan la muerte de la víctima. (Villavicencio, 2014, p. 195). Tiene que configurarse que la muerte de la mujer haya ocurrido en un entorno familiar para configurarse como feminicidio al tener los alcances de violencia que esta ley contempla. Con este presupuesto no se abarca a todos los tipos de feminicidio que hemos estudiado, se limita únicamente a la existencia de una relación matrimonial, de concubinato (feminicidio íntimo).

2.2. COACCIÓN, HOSTIGAMIENTO Y ACOSO SEXUAL

Este inciso contiene tres presupuestos: 1). Coacción, 2). Hostigamiento y 3). Acoso sexual.

Por coacción se entiende a la fuerza o violencia que ejerce una persona obligando a otra en contra de su voluntad a realizar determinados propósitos a favor de la primera. La coacción lesiona el derecho a la libertad. En este caso, coacciona la libertad de una mujer cuando el hombre toma dominio de la vida de esta. Por ejemplo, al decirle el tipo de amistades que esta debe tener y con quien no debe relacionarse, el control de su tiempo, prohibiciones en su vestimenta, seguimientos, llamadas amenazantes y como consecuencia castigarla al incumplir las normas que el varón establece.

El artículo 151° del Código Penal nos habla de la coacción y nos señala que:

El que, mediante amenaza o violencia, obliga a otro a hacerlo que la ley no manda o le impide hacer lo que ella no prohíbe será reprimido con pena privativa no mayor de dos años.

La Ley 27942, Ley de prevención y sanción del hostigamiento sexual, conforme a su artículo N° 04 refiere que:

El hostigamiento sexual típico o chantaje sexual consiste en la conducta física o verbal reiterada de naturaleza sexual o sexista no deseada o rechazada, realizada por una o más personas que se aprovechan de una posición de autoridad o jerarquía o cualquier otra situación ventajosa, en contra de otra u otras, quienes rechazan estas conductas por considerar que afecten su dignidad, así como sus derechos fundamentales.

Reátegui decía que: *La coacción y el hostigamiento no tienen que producirse dentro del entorno familiar, porque estos sería una especie de violencia en el ámbito familiar, confundiéndose con el primer inciso del artículo 108-B (violencia familiar)*. (Reátegui, 2015, p. 28). Es decir, tales figuras muy aparte que deben ser realizadas fuera del primer inciso, debe ser antes de que se haya producido la muerte de la mujer. La víctima debería presentar una serie de daños psicológicos para comprobar estos presupuestos.

Artículo 151-A.- Acoso:

El que, de forma reiterada, continua o habitual, y por cualquier medio, vigila, persigue, hostiga, asedia o busca establecer contacto o cercanía con una persona sin su consentimiento, de modo que pueda alterar el normal desarrollo de su vida cotidiana, será reprimido con pena privativa de la libertad.

2.3. ABUSO DE PODER, CONFIANZA O DE CUALQUIER OTRA POSICIÓN O RELACIÓN QUE LE CONFIERA AUTORIDAD AL AGENTE.

Aquí, se hace referencia a que el agente tenía algunos derechos y facultades sobre la mujer, en este caso un varón completamente excede su confianza y ocupa un lugar de superioridad y realiza acciones contrarias a las obligaciones atribuidas. Estas conductas se manifiestan agresivamente en humillar, golpear, degradar y dominar a la víctima, la cual tolera dichos abusos por determinadas condiciones.

Habitualmente, existen abusos de poder, de confianza o cualquiera otra posición en función con relaciones parentales o consanguíneas entre los sujetos involucrados. (Reátegui, 2015, p. 28) (19). El sujeto activo puede tener un poder económico o de autoridad, lo cual hace cometer actos contrarios a la víctima al producir una posición de poder del agente sobre esta. La Real Academia explica al abuso de confianza en perjudicar o burlarse de una persona por su inexperiencia o descuido, en este caso una mujer al darle autoridad a un hombre que ejerce superioridad en perjuicio de otra. El sujeto que constantemente abusa de su trabajadora del hogar y después la mata se tomaría como ejemplo de feminicidio.

2.4. CUALQUIER FORMA DE DISCRIMINACIÓN CONTRA LA MUJER, INDEPENDIENTEMENTE DE QUE EXISTA O HAYA EXISTIDO UNA RELACIÓN CONYUGAL O DE CONVIVENCIA CON EL AGENTE.

La RAE, califica la discriminación como el acto o acción y efecto de discriminar, seleccionar y excluir. Discriminar, dar trato desigual a una persona o colectividad por motivos raciales, religiosos, políticos, de sexo, de edad, de condición física o mental, etc. Discriminación positiva, protección de carácter extraordinario que se da a un grupo social históricamente discriminado.

Para calificar como feminicidio la muerte de una mujer por discriminación, lo cual quiero dejar en claro que es muy difícil de probar y no conozco ningún caso en donde se haya asesinado a una mujer por tal razón, el inciso nos advierte que debe darse en una situación de desigualdad estructural en función de un estereotipo de género. Para los movimientos feministas, la discriminación por género es la causa fundamental de tales crímenes al suponer que el varón ejerce violencia contra la mujer porque se cree superior a ella, o porque no quiere que tenga los mismos derechos que ellas (feministas) dicen no tener en comparación con los derechos que nosotros los varones si tenemos, supuestamente, refiriéndose a la brecha salarial entre varones y mujeres en el Perú.

Tanto es el esfuerzo del trabajo de la ideología feminista que, las últimas modificaciones que se han hecho en torno a este delito, favorecen en su mayoría a la mujer creando no solo el delito de feminicidio, sino el delito de discriminación e incitación a la discriminación y otros tipos penales que podemos encontrar en el texto coercitivo. En tal escenario, la discriminación tiene diferentes tipos, sexo, religión, idioma, orientación sexual. Como lo suscribe el artículo 323° del código penal.

Artículo 323.- Discriminación e incitación a la discriminación

El que, por sí o mediante terceros, realiza actos de distinción, exclusión, restricción o preferencia que anulan o menoscaban el reconocimiento, goce o ejercicio de cualquier derecho de una persona o grupo de personas reconocido en la ley, la Constitución o en los tratados de derechos humanos de los cuales el Perú es parte, basados en motivos raciales, religiosos, nacionalidad, edad, sexo, orientación sexual, identidad de género, idioma, identidad étnica o cultural, opinión, nivel socio económico, condición migratoria, discapacidad, condición de salud, factor genético, filiación, o cualquier otro motivo (…).

En concordancia con la Convención Internacional de todas las formas de discriminación contra la mujer, en sus siglas (CEDAW), quien señala en su primer artículo:

Denotará toda distinción, exclusión o restricción basada en el sexo que tenga por objeto o resultado menoscabar o anular el reconocimiento, goce o ejercicio por la mujer, independientemente de su estado civil, sobre la base de la igualdad del hombre y la mujer, de los derechos humanos y las libertades fundamentales en las esferas política, económica, social, cultural y civil o en cualquier otra esfera.

Es muy raro este presupuesto hecho por el legislador, violencia de género que acaba matando a la mujer, que en su mayoría se refieren a los prejuicios y estereotipos de género que la sociedad en su avance cultural han venido refiriéndose conforme a las presiones político-sociales de este tipo de movimientos, los cuales el legislador no tiene más opción que ceder a tales exigencias por dejar a la sociedad calmada con su afán en implantar nuevos tipos penales, los cuales no generan ningún costo pero son completamente fracasos para la sociedad y para el sistema penal peruano.

La muerte de una mujer dentro del contexto de discriminación, para calificarlo como delito de feminicidio debe cometerse en cualquier situación de la vida cotidiana de una mujer, con cualquier acto de discriminación contra esta o aquella situación donde ella sienta que sus derechos son limitados. El acto de discriminar, se debe realizar antes del delito de feminicidio y debe ser constante e independiente, puede darse en una relación matrimonial, convivencia, amical, laboral, o cualquier otro tipo en donde el sujeto activo y pasivo se encontraba en una relación. Por ejemplo, negar o menospreciar sus derechos, su dignidad, limitándola o tratándola con inferioridad en el marco de una violencia física y psicológica que produzca su muerte.

3. TIPOS AGRAVADOS

Aquí se establece que la pena será no menor de treinta años cuando concurra cualquiera de las siguientes circunstancias agravantes, en su mayoría son estados especiales que la víctima (mujer) se encontraba en un estado de vulnerabilidad con su victimario.

3.1. SI LA VÍCTIMA ERA MENOR DE EDAD O ADULTA MAYOR

Esta agravante se encarga de verificar si la víctima tenía menos de 18 años y era mayor de 65 años al momento del delito. Lo que busca el legislador al momento de la creación de esta agravante era dar una sanción más rigurosa por los actos que se cometen en contra de mujeres en minoría y mayoría de edad por ser personas que físicamente se encuentra más vulnerables e indefensas, lo cual hace que tal conducta se vea muy reprochable y horrenda por la sociedad, ya que la mujer en este supuesto no se puede defender físicamente porque sus fuerzas no alcanzar a rebotar la de su agresor. En estos casos, el sujeto activo debe conocer la edad que la víctima tenía para que se califique un feminicidio con este tipo de agravante. El mismo Estado considera a las mujeres y ancianos como poblaciones vulnerables.

3.2. SI LA VÍCTIMA SE ENCONTRABA EN ESTADO DE GESTACIÓN.

El estado de gestación es un proceso biológico normal propio en el sexo femenino por su condición ontológica y que expone a la mujer sin importar su edad a un estado de vulnerabilidad pues puede ser víctima de muchas agresiones que generan ofensividad a bienes jurídicos de los cuales puede ser titular. Pues de un lado está la vida de la mujer y de otro lado, al proceso de formación del producto de la concepción. (Salinas, 2015, p. 101). Cuando la víctima se encontraba en proceso biológico de gestación, propio y únicamente por una mujer y se le asesina bajo esta condición gestando la formación de un nuevo ser humano, genera un escalofriante crimen, ya que con la muerte de la mujer se acabaría también la de su hijo(a) formándose.

El agente sabía que la mujer estaba embarazada al momento de la agresión y debido a estos golpes muere. Se puede calificar como agravante de feminicidio. Por ejemplo, el sujeto que no quiere hacerse cargo de la paternidad, le pide o intenta hacerla abortar, pero ante la negación de la mujer la asesina para evitar sus obligaciones familiares en adelante. Diferente es el caso en donde el hombre después de una pelea familiar golpea a la mujer hasta matarla, golpeándola en el vientre y distintas partes del cuerpo, la asesina pero sin tener conocimiento que aquella estaba embarazada.

3.3. SI LA VÍCTIMA SE ENCONTRABA BAJO CUIDADO O RESPONSABILIDAD DEL AGENTE.

Para este agravante se tiene que comprobar que la víctima estaba bajo el cuidado o responsabilidad del agente, no especifica si dicha responsabilidad estaba en una relación familiar, no importa la relación que se haya tenido que cuidar a la víctima. En esta situación el agente se aprovecharía de esa circunstancia para la consumación del ilícito. Esta agravante la podemos situar muchas veces en los casos de tutela y curatela, patria potestad, siempre y cuando la víctima sea una mujer.

3.4. SI LA VÍCTIMA FUE SOMETIDA PREVIAMENTE A VIOLACIÓN SEXUAL O ACTOS DE MUTILACIÓN.

Desde mi perspectiva, esta agravante ocurre antes del feminicidio, ya que el agente después de haber cometido la violación cree conveniente matarla para que ella no lo pueda denunciar, corriendo el riesgo de que pueda ser atrapado y condenado. Pero el agravante nos señala también que el agente debe haber ejecutado tales abusos y mutilaciones físicas producidos antes de la muerte de la víctima. El fundamento es que se considera a aquellos actos como situaciones planificadas para satisfacer sexualmente al agente, ya que para algunos esto sería muy aberrante y doloroso para la víctima. Por otro lado, le causa disfrute al homicida ver sufrir a su víctima mutilando algunos de sus órganos vitales.

Respecto de esta circunstancia se debe tener en cuenta que se está ante un concurso real de delitos, e inclusive hasta la contemplación de un delito fin y un delito medio. Desde mi punto de vista el delito medio es la violación sexual conforme a lo que se tipifica en los artículos 170° y 173° del Código Penal o los actos de mutilación motivados por la impronta misógina del agresor y su postura discriminadora hacia su víctima; mientras que el delito fin es la muerte de la mujer víctima. Con los actos previos a la muerte, el agresor busca dejar su huella de falso poder por haberla sometido sexualmente o mutilarla previamente sobre su víctima en animus siempre de causarle padecimientos y sufrimientos previos. (Bringas, 2017, p. 89). (20)

3.5. SI AL MOMENTO DE COMETERSE EL DELITO, LA VÍCTIMA TIENE CUALQUIER TIPO DE DISCAPACIDAD.

Esta agravante mantiene alguna relación con "cuando la víctima se encontraba bajo el cuidado o responsabilidad del agente" al estudiarse la discapacidad física o mental de alguna persona donde el agente se vale para cometer el delito, siendo así innecesario crear otro tipo de agravante de esta misma naturaleza.

Según la Ley N° 29973, Ley general de la persona con discapacidad, la persona con discapacidad en su artículo 02 no explica:

La persona con discapacidad es aquella que tiene una o más deficiencias físicas, sensoriales, mentales o intelectuales de carácter permanente que, al interactuar con diversas barreras actitudinales y del entorno, no ejerza o pueda verse impedida en el ejercicio de sus derechos y su inclusión plena y efectiva en la sociedad, en igualdad de condiciones que las demás.

La discapacidad es un provecho para el agente y un estado muy vulnerable para la víctima, no importa que sea física o mental, absoluta o parcial. En el feminicidio, el agente se aprovecha de la situación de la víctima para matarla. Se debe conocer que el homicida haya tenido conocimiento que la mujer tenía algún tipo de discapacidad.

Por ejemplo, el sujeto pasivo sufre de discapacidad física, estando postrada en una cama sin poder mover sus piernas, por tal circunstancia necesita de cuidado de alguna persona, esta al aprovecharse de esa condición comete el crimen haciéndosele muy fácil perpetrarlo ya que la víctima no podía defenderse.

3.6. SI LA VÍCTIMA FUE SOMETIDA PARA FINES DE TRATA DE PERSONAS O CUALQUIER TIPO DE EXPLOTACIÓN HUMANA.

La trata de personas y explotación humana abarca todo tipo de comercio ilegal de seres humanos, cuyos propósitos son los siguientes: Esclavitud laboral, esclavitud sexual, trabajos forzados o cualquier otro tipo de esclavitud moderna con o sin el consentimiento de la persona. Para el Derecho Internacional es un delito de lesa humanidad, denominándola un fenómeno de nueva esclavitud del siglo XXI.

Esta agravante, nos señala dos delitos que el código penal sanciona, 1. La trata de personas y 2. La explotación humana, las cuales encontramos en el artículo 153 y siguientes del código penal.

El que mediante violencia, amenaza u otras formas de coacción, privación de la libertad, fraude, engaño, abuso de poder o de una situación de vulnerabilidad, concesión o recepción de pagos o de cualquier beneficio, capta, transporta, traslada, acoge, recibe o retiene a otro, en el territorio de la República o para su salida o entrada del país con fines de explotación, es reprimido con pena privativa de libertad no menor de ocho ni mayor de quince años.

Se entiende a una persona en calidad de sometida, la cual se encuentre en estado cautivo, restringiendo y amenazando su libertad por fines de trata de personas, el agresor mata a la mujer a sabiendas que aquella está privada de su libertad. (Salinas, 2015, p. 102). Esta agravante se configura cuando se comprueba que el sujeto activo haya ejecutado de manera previa las conductas que se establece en el artículo antes citado, luego de haberla sometido para aquellos fines y obtener alguna ganancia económica procede a matarla. Por ejemplo, el agente o tratante lleva con engaños a una mujer con el fin de prostituirla, después la asesina porque ella intentó escapar de su raptor.

Lamentablemente, la explotación humana existe siendo un negocio muy lucrativo, se trafican seres humanos con propósitos de esclavitud laboral, sexual, extracción de órganos, lesionando sus derechos humanos como la libertad y transgrediendo su dignidad como persona humana. Los niños y niñas son las víctimas más vulnerables y son las que tienen un mayor índice de trata de personas en el mundo, perjudicando su desarrollo y generando daños físicos y psicológicos muy permanentes.

3.7. CUANDO HUBIERA CONCURRIDO CUALQUIERA DE LAS CIRCUNSTANCIAS AGRAVANTES ESTABLECIDAS EN EL ARTÍCULO 108.

El artículo 108 del código penal, es el homicidio calificado (asesinato). Este artículo estima que será un agravante de feminicidio si el autor hubiera actuado con ferocidad, codicia, lucro o poder, para facilitar u ocultar otro delito, con gran crueldad o alevosía, por fuego, explosión, u cualquier otro medio capaz de poner en peligro la vida o salud de otras personas.

3.8. SI, EN EL MOMENTO DE COMETERSE EL DELITO, ESTUVIERA PRESENTE CUALQUIER NIÑA, NIÑO O ADOLESCENTE.

Reátegui sostenía que esta agravante busca la protección de los hijos de la pareja y la salvaguarda de sus intereses. Analizando mejor esta figura, el inciso señala cualquier niño, niña o adolescente, esto involucra no solo a los hijos de la víctima, sino cualquier niño, niña o adolescente que hubiera estado presente al momento del crimen. Todo esto generaría traumas psicológicos y sufrimientos después de presenciar la muerte de la mujer. El agente no podrá seguir ejerciendo la patria potestad de sus hijos.

3.9. SI EL AGENTE ACTÚA EN ESTADO DE EBRIEDAD, CON PRESENCIA DE ALCOHOL EN LA SANGRE EN PROPORCIÓN MAYOR DE 0.25 GRAMOS-LITRO, O BAJO EFECTO DE DROGAS TÓXICAS, ESTUPEFACIENTES, SUSTANCIAS PSICOTRÓPICAS O SINTÉTICAS.

Esta figura es la novedad de la última modificatoria del feminicidio por la Ley N° 30819, incorporándose el inciso nueve como agravante al dar muerte a una mujer en circunstancias de la ingesta de algún tipo de alcohol u drogas. En realidad, esta agravación va en contradicción con el artículo 20 del código penal referido a la figura de la inimputabilidad, que está exento de responsabilidad penal aquel que por anomalía psíquica, grave alteración de la conciencia o por sufrir alteraciones en la percepción, que afectan gravemente su concepto de la realidad, no posea la facultad de comprender el carácter delictuoso de su acto o para determinarse según esta comprensión. Se puede observar que estamos ante un caso de antinomia jurídica, esto al agravarse la pena referida a la situación en donde el agente actúa en un estado fuera de sus funciones normales, pero por otro lado se debe liberar de todo tipo de responsabilidad penal al mismo por las razones expuestas en el artículo 20 referido a la inimputabilidad. Para calificar esta agravante el agente debe estar bajo los efectos de alcoholemia o de alguna sustancia tóxica como drogas u estupefacientes, siempre y cuando sea mayor a 0.25 gramos-litro como parámetro de medición según la tabla de alcoholemia de la ley N° 27753.

TABLA DE ALCOHOLEMIA
1er. Período: 0,1 a 0,5 g/l: subclínico
No existen síntomas o signos clínicos, pero las pruebas psicométricas muestran una prolongación en los tiempos de respuesta al estímulo y posibilidad en accidentes. No tiene relevancia administrativa ni penal.
2do. Período: 0,5 a 1,5 g/l: ebriedad
Euforia, verborragia y excitación, pero con disminución de la atención y pérdida de la eficiencia en los actos más o menos complejos y dificultad para mantener la postura. Aquí está muy aumentada la posibilidad de accidentes de tránsito, por disminución de los reflejos y el campo visual.
3er. Período: 1,5 a 2,5 g/l: Ebriedad absoluta
Excitación, confusión, agresividad, alteraciones de la percepción y pérdida de control.
4to. Período: 2,5 a 3,5 g/l: grave alteración de la conciencia
Estupor, coma, apatía, falta de respuesta a los estímulos, marcada descoordinación muscular, relajación de los esfínteres.
5to. Período: Niveles mayores de 3.5 g/l: Coma.
Hay riesgo de muerte por el coma y el para respiratorio con afección neumonológica, bradicardia con vaso dilatación periférica y afección intestinal.

Fuente: Anexo, Ley N° 27753

Como primer punto, el apartado nueve del artículo 108-B refiere a que el consumo de alcohol debe ser mayor a los 0.25 gramos - litro de alcohol. Analizando esto, podemos darnos cuenta que la proporción que establece este inciso y el hecho ilícito del agente puede ocurrir dentro de cualquier nivel de la tabla, ya que para agravar la conducta solamente tiene que sobrepasar los 0.25 g/l, que si vamos a observar la tabla de alcoholemia, todos los niveles son mayores a este número (0.25 g/l). En este caso hay una confusión, ya que cualquier conducta delictiva puede configurarse dentro de los dos primeros niveles de la tabla, como el primero (período subclínico de 0,1 a 0,5 g/l) mayor a 0.25 g/l, el cual señala que el agente no tendría responsabilidad penal ni administrativa y que por lo tanto, el sujeto aún no entraría en un estado de alteración de la conciencia y no se podría calificar como agravante de feminicidio cuando en realidad el hombre se encuentra en un estado muy lúcido con presencia de alcohol o no, más bien esto podría ser un delito justificado, ya que el agente podría utilizar como excusa este estado para realizar el delito cuando en realidad está totalmente cuerdo y tenía conocimiento y voluntad de lo que hacía.

Para la alteración de la conciencia y por lo tanto la eximición de la pena del sujeto que en realidad este merece, el agente debió actuar en los niveles o períodos como el tres y cuatro, de 1.5 a 2.5 gramos-litro calificadas como ebriedad absoluta, grave alteración de la conciencia y finalmente el último y más preocupante, el estado de coma (nivel 5), aquí el agente puede llegar a morir.

El juez deberá escoger cualquiera de las dos normas en discordia, lo cual no sería razonable suprimir una por la otra cuando las dos son legítimas. La ingesta de alcohol o drogas implica un agravante del feminicidio, pero por otro lado exime de responsabilidad al autor por generar una alteración de la conciencia por efecto de los mismos, todo esto en el artículo de inimputabilidad mencionado anteriormente. La doctrina explica que se lesionaría el principio de culpabilidad al condenar a una persona cuando existe una norma eximente.

El fundamento de la figura del agravante por el consumo de alcohol y drogas en este delito, se basa en que gran parte de los abusos, violencia y feminicidios cometidos se dan en consecuencia del excesivo consumo de estas sustancias, esto provocando todo tipo de reacciones las cuales el agente al actuar con mayor impulsividad y peligrosidad deja fuera todos los mecanismos de inhibición posibles. Pero ¿Por qué el dar muerte en un estado de ebriedad o drogadicción configuraría una pena mayor que el matar únicamente? Esto por tener incidencia en la conducta del agente para cometer el ilícito, representando una situación de hostilidad y temor para la mujer ante la agresiva conducta del agente.

Por último, la Casación N° 997-2017/Arequipa (Feminicidio y eximente imperfecta por embriaguez) establece dos puntos: 1. Que el juez, al presentarse una situación de tal naturaleza (causal de disminución de la punibilidad) su función es de disminuir por debajo del mínimo legal del hecho al autor, hacerlo de manera discrecional; y 2. Este tipo de situaciones se reserva para los casos en donde el agente sufrió profundamente perturbaciones de sus facultades, eso sí, no llegando a su anulación total. (Corte Suprema, 2017, p. 01).

4. LA PENA SERÁ DE CADENA PERPETUA CUANDO CONCURRAN DOS O MÁS CIRCUNSTANCIAS AGRAVANTES.

La conducta se agrava aún más cuando el sujeto activo realiza el delito concurriendo dos o más de las circunstancias antes mencionadas y se le imputará la pena de cadena perpetua. En el caso de habitualidad y reincidencia reguladas en los artículos 46-B° y 46-C° respectivamente, también se incrementarán las penas. (Carnero, 2017, p. 106).

18. (Valega & Rodriguez, 2017). *Apuntes críticos al reciente Acuerdo Plenario sobre el delito de feminicidio. Enfoque de Derecho*. DEGESE.

19. Reátegui, J. (2015). . Editores Pacífico. Instituto Pacífico. Actualidad Penal, p. 28.

20. Bringas, S. (2017). *La discriminación como elemento de tendencia interna trascendente en el delito de feminicidio y su probanza en el distrito judicial de Cajamarca* (tesis de pregrado). Universidad Nacional de Cajamarca, Perú, p. 89.

05. PROBLEMAS DE INTERPRETACIÓN, APLICACIÓN E INCONSTITUCIONALIDAD DEL DELITO DE FEMINICIDIO

1. MARCO CONCEPTUAL

Nosotros nos preguntamos, si hay un avance victorioso en políticas de Estado y creación de delitos en protección de la mujer peruana, por qué tenemos en aumento las estadísticas de feminicidio y violencia en el grupo familiar. No es acaso un total fracaso aquellas normas cuando vemos en la realidad que esto no mejora. Establecemos dos puntos del por qué esta problemática no se resuelve: 1. Problemas en el tema psicosocial, ya que la salud mental está en crisis en el país, y 2. La errónea aplicación, interpretación, fracaso del sistema y de la norma penal.

Este capítulo comprende la tesis puntual y más importante del libro. Nos centramos en el problema que acarrea el delito del feminicidio analizada desde las teorías finalista y funcionalista. La primera para estudiar la finalidad del delito y objetivo real del agente, y la segunda para mejorar su aplicación con esta. Asimismo, se analiza el conflicto de leyes penales, la lesión de los principios del derecho penal, figuras relacionadas con este y para finalizar algunos casos de nuestra realidad peruana.

2. EL FRACASO DEL FEMINICIDIO, LA TEORÍA DEL FINALISMO

La teoría del finalismo o teoría de la acción final, es una de las muchas teorías del delito que mediante su estudio se va a explicar o poder analizar el delito. La teoría del delito conforma un régimen de suposiciones que presentan, a partir de una determinada tendencia dogmática, cuántos y cuáles son los elementos que hacen posible o no la aplicación de una consecuencia jurídico penal a una acción humana. (Muñoz Conde y García Arán, 2002, p. 203). La teoría del finalismo fue desarrollada por Hans Welzel a principios de los años treinta, jurista, filósofo, catedrático alemán en la universidad de Bonn. Dicha teoría tuvo un auge después de la segunda guerra mundial con los resultados obtenidos por los fundamentos aplicados de su principio dogmático. Welzel por los años de 1930 lleva a cabo una crítica a la teoría anterior al finalismo, la causalista. En principio, la tesis finalista aparece y empieza estudiando los mismos elementos que la teoría causalista (voluntad, culpabilidad).

La teoría de la acción final aparece para reemplazar a la hipótesis causal de la acción. El causalismo establecía que la acción humana, la acción que se cometía (delito) se realizaba en base a las leyes de la naturaleza, esto explicando al delito a partir de una acción como un fenómeno causal - natural y causa - efecto, no refiriéndose mucho a su finalidad como si lo establece Welzel en la teoría de la acción final. Estas dos corrientes son las que predominaron en todo el siglo XX hasta la aparición de la teoría del funcionalismo. La teoría de la acción final marca un precedente en relación a las demás teorías en la historia del derecho penal, implementando una nueva visión epistemológica del delito, con ella deja de lado la hipótesis de la teoría causalista, propia del universo del ser, del universo físico.

La escuela finalista, parte de una premisa ontológica (no jurídica) y no causal refiriéndose específicamente a la actuación consciente en función de un resultado previo y voluntariamente propuesto. Por ejemplo, A empuña una pistola y dirige su accionar a B, le dispara con voluntad y conocimiento del hecho, A desplegó un conjunto de movimientos con la finalidad de matar a B. Esto quiere decir que el delito siempre va a partir de una acción pero con una finalidad establecida. Expresaba Welzel que atendiendo en principio su estudio técnico-jurídico la acción es actividad final humana, no causación de resultados y se referían a la causalidad como ciega, cuando en realidad la finalidad es más evidente.

La finalidad consiste en una determinación de la causalidad por la voluntad, es decir, en la trayectoria sensata del curso causal con la finalidad con anterioridad propuesta por la voluntad. El ser humano se plantea objetivos y, al tomar conocimiento de las normas naturales, puede predecir el recorrido y los resultados de su actividad, dentro de los límites propuestos. (Almanza y Peña, 2010, p. 39). (21) La escuela finalista apunta específicamente a que, para saber si una persona comete un delito, habrá que examinar si tal sujeto realizó dicha conducta en la cual el legislador, al momento de crear el tipo penal buscaba sancionar tal hecho delictivo.

Welzel, indica que el recorrido final de la acción humana se desarrolla en dos fases, la primera, en el globo del pensamiento, que percibe la clasificación de los medios y la fijación de la meta, y la segunda en la esfera del mundo real, de acuerdo con la elaboración que se haga en la esfera del pensamiento, el autor llevará a cabo su acción en el mundo físico (Almanza y Peña, 2010, p. 43). El tipo penal lleva dentro a la acción, la acción al ubicarse a un determinado fin, el legislador debe prever acciones provistas de finalidad (dolo, y elementos subjetivos específicos del injusto penal) y establecer la relación de imputación entre el acto de una persona y la intencionalidad que lo generaría. Siendo así, si analizamos el delito de feminicidio a la luz de la tesis finalista, esta no sería la más idónea, ya que la finalidad del imputado no encajaría con el tipo penal que exige el delito de feminicidio "el que mata a una mujer por su condición de tal". En el delito de feminicidio la teoría del finalismo no responde de manera eficaz.

Pero, ¿Cuál es la relación con el feminicidio y por qué el problema con esta teoría? ¿Cómo probar la finalidad del delito del 108-B, matar a una mujer por ser mujer? El profesor Alberto Pacheco Mandujano, Doctor Honoris Causa por la Universidad Ada Byron, (22) viene realizando estudios desde hace años sobre el problema del feminicidio en el Perú. Recoge los datos del Observatorio de la criminalidad del Ministerio Público, organismo encargado de estudiar y seguir los homicidios cometidos a mujeres en torno a las estadísticas de los trámites de denuncias de feminicidios en los últimos años a nivel nacional, exhibiendo los siguientes resultados:

-En el año 2009 se tramitaron 154 denuncias de feminicidios

-En el año 2010 se tramitaron 139 denuncias de feminicidios

-En el año 2011 se tramitaron 123 denuncias de feminicidios

-En el año 2012 se tramitaron 122 denuncias de feminicidios

-En el año 2013 se tramitaron 111 denuncias de feminicidios

-En el año 2014 se tramitaron 100 denuncias de feminicidios

-En el año 2015 se tramitaron 103 denuncias de feminicidios

-En el año 2016 se tramitaron 104 denuncias de feminicidios

-En el año 2017 se tramitaron 97 denuncias de feminicidios

Podemos ver que las cifras en denuncias de feminicidios han disminuido, con esto podríamos confundir que esta reducción es gracias a la aparición del delito de feminicidio, la cual habría resultado exitosa y disuasiva cumpliendo los fines político criminal propuesto. Pero en realidad no es así, ya que las cifras de muerte de mujeres han aumentado.

¿Cómo se podría probar este descenso? El profesor Luis Pacheco Mandujano realiza un artículo en su blog bibliográfico respecto a estas cifras con una fantástica explicación, se planteó la siguiente interrogante: ¿La introducción del delito de feminicidio en el Código Penal peruano constituye en realidad un factor político-criminal que contribuye a combatir eficazmente esta clase de crímenes de género? La verdadera respuesta es que no ¿Cuál es el problema en realidad?

Para el Dr. Pacheco, así como para el profesor Julio Rodríguez y otros juristas penalistas, el problema radica en la redacción del tipo penal al decir que se "mata a una mujer por su condición de mujer". El tipo penal del feminicidio establece en su artículo 108-B del código penal lo siguiente: "Será reprimido con pena privativa de libertad no menor de veinte años el que mata a una mujer por su condición de tal", y posteriormente enumera cuatro contextos y nueve circunstancias agravantes más.

Esto implica que, quien mata, y en este caso el sujeto activo es siempre un hombre aunque no se estipule en el artículo, mata o intenta matarla por acciones fuera de las que podemos ver en nuestra vida cotidiana, como que el asesino no la mata o no intentaría matarla para robar su celular, no la mata para ocultar un delito donde este haya sido descubierto por la mujer, no la mata por querer obtener un beneficio, lo hace simplemente porque aquella mujer es mujer, la mata por su sexo, esa es la premisa que el artículo nos indica. El legislador al redactar el tipo penal nos hace pensar entonces que el homicida estaría en una situación de misoginia frente al sexo de la mujer, un rechazo ante lo femenino sin ninguna explicación lógica, lo cual genera muchas dudas para el sistema procesal penal.

Peña sostenía que la redacción del primer párrafo, apunta a que el homicidio del sujeto pasivo (mujer), que cuya muerte de la víctima, sea por la condición de mujer; esto hace presumir que el autor del injusto penal, puede ser otra mujer, da riendas a un arrastre criminal, con una base de odio, y en un desprecio hacia el sexo femenino. (Peña, 2015, p. 135). Pero, la pregunta es ¿De qué manera se probaría que un hombre la ha matado porque esta es mujer? La teoría finalista, teoría llevada a cabo por la mayoría de fiscales para el delito de feminicidio, es usada erradamente. Recordemos que la teoría finalista como su nombre lo indica era la teoría por la cual el agente ya se ha propuesto un fin, un propósito, un objetivo. En este caso, refiriéndonos al delito de feminicidio el fin del asesino en relación con el tipo penal del feminicidio sería el de matar a una mujer por ser mujer, matarla por su condición ontológica la cual resultaría imposible y sería la teoría menos indicada para poder llevar a cabo una buena teoría del caso respecto al delito de feminicidio cayendo en la total impunidad.

En los asuntos procesados por feminicidio y tentativa de feminicidio en el Perú no se ha dado la importancia necesaria ni se ha hecho estudios a profundidad sobre el problema, no se ha comprobado que aquellos homicidas asesinan o intentan asesinar a un ser humano por su naturaleza. Citaré el polémico caso de Arlette Contreras, en el cual los jueces advirtieron que el imputado no actúo con el fin de matar a su ex pareja por ser mujer, a su vez los peritos psicológicos y psiquiátricos exponen los resultados estudiados, los cuales no encontraron ni comprobaron ningún móvil de odio en el tipo subjetivo del imputado por la conducta realizada.

2.1. CASO: ARLETTE CONTRERAS: ¿TENTATIVA DE FEMINICIDIO O LESIONES LEVES?

En el caso de Arlette Contreras, expediente 01641-2015, resolución N° 43 de la Corte Superior de Justicia de Ayacucho, ella denunciaba a su ex pareja Adriano Pozo de los siguientes delitos: Delito contra la vida el cuerpo y la salud, en la modalidad de feminicidio en el grado de tentativa; y del delito contra la libertad, en la modalidad de violación sexual en grado de tentativa. En la sentencia de primera instancia los jueces fallaron absolviendo al imputado Adriano Pozo de los delitos imputados generando la indignación y polémica en la sociedad peruana. La sentencia señalaba que el Ministerio Público (fiscal), no pudo probar el dolo transcendente:

"La parte acusadora… no probó el dolo trascendente… basados en razones de género como la misoginia, el odio o desprecio por la condición de la víctima, el mismo que no se configura con la simple calificación o conclusión de dicho operador jurídico, menos de la agraviada, en vista que ni de los propios actos o hechos probados se puede desprender tal conducta".

Pero, ¿Qué fue lo que pasó? No es que los jueces hayan actuado de mala fe, o hayan sido corrompidos, o como señalaba la víctima al decir aquellos jueces eran amigos del imputado, simplemente actuaron acorde a la teoría del finalismo presentada por el Ministerio Público, lo cual constituyó un error para Arlette Contreras. El fiscal al momento de formular acusación debe verificar con mucha objetividad, si realmente el hecho que va a llevar a juicio se ha encontrado con los elementos que la teoría del delito establece para calificar esa conducta como tal (tipicidad, antijuricidad, y culpabilidad).

Si la principal característica del delito de feminicidio es el odio, o el desprecio hacia las mujeres por ser mujeres, misoginia, las pruebas irrefutables las podemos encontrar en la mente del autor. Para eso, los peritajes hechos por los profesionales en psicología y psiquiatría al imputado Adriano Pozo determinarían de alguna forma que tales circunstancias fueron encontradas en la psiquis del autor para realizar el hecho. Veamos lo que indicaron los peritos al estudiar al imputado.

Cinco fueron los profesionales encargados en examinar la conducta de este. Tenemos que tres fueron peritos psicológicos y dos fueron psiquiátricos, en la sentencia se dice lo siguiente:

Sobre los exámenes psicológicos y psiquiátricos practicados al acusado Adriano Pozo.

-La psicóloga, Zoila Magaly Flores Giles:

Refería que el acusado (Adriano Pozo) mostraba características impulsivas, violentas y totalmente agresivas, comportamientos de incumplimiento en la sociedad todo esto corroborado por el test de personalidad aplicado. Adriano actúa por impulso sin medir la consecuencia que pueda ocasionar y eso se genera cuando la persona tiene frustración, emoción fuerte, dejando salir su agresión sin medir, lo cual fue corroborado por los indicadores que señala la prueba. (Corte Superior de Ayacucho, 2018, p. 54)

-El psiquiatra, Edgar Quispe Puma:

Manifestó que el evaluado presenta el trastorno bordeline y por todo lo que experimenta, preserva a la persona a quién ama; pero no la puede matar porque necesita a esta persona para estar bien. El imputado Adriano, según los videos propagados que jala a la señorita Arlette, no ha querido matar o violar, sino hablar y convencer que no la deje, que le explique porque ella hacia eso, porque él de su parte lo ha dado todo. (Corte Superior de Ayacucho, 2018, p. 55).

-La psicóloga, Francisca Ojeda Mendoza:

Señalaba que una de las características del bordeline es que son cariñosos, pero ante la negativa de un cariño este puede agredir a esa persona, pero no con el objetivo de matarla. (Corte Superior de Ayacucho, 2018, p. 55).

-El psiquíatra, Mariano Querol Lambarri:

Explicaba que, los pacientes de bordeline cuando han ingerido alcohol tienen alto impulso sexual. (Corte Superior de Ayacucho, 2018, p. 55).

-La psicóloga, Klaris Zúñiga Medina:

Explicaba que el imputado Adriano Pozo ha tenido cuatro fases de enamoramiento de las cuales dos fueron muy significativas, incluido la señorita Arlette lo que le causó más impacto afectivo. En caso de una pareja, se puede generar un trastorno obsesivo, esto puede llegar a no dejarla ir, no terminar una relación, aceptaría una respuesta como no pero seguiría. (Corte Superior de Ayacucho, 2018, p. 56).

Por otro lado, el perito Juan Guillermo Barrón Munaylla decía: Que las lesiones no son de naturaleza mortal ya dichas lesiones descritas por los exámenes médicos y los exámenes auxiliares no le van a causar la muerte a una persona. Así, el examen solicitado por el otorrino, no presentaba ninguna lesión de gravedad, dejando de ser una lesión que pueda causarle su muerte.

Cuando a auscultado a la agraviada vio digito presión que fue una lesión superficial debido que eso se corroboro con el examen del otorrino quien no encontró nada. La lesión al cuello es superficial debido a que si hubiera fractura los cartílagos podría ser una complicación o la muerte y si se hubiera obstruido el oxígeno por tres a cinco minutos hubiera ocasionado la muerte. Entonces, en el presente caso no existe ninguna lesión; por tanto no se ha puesto en peligro la vida de la peritada, porque cuando se priva del oxígeno por cuatro minutos se ingresa a una muerte cerebral, siendo el subsiguiente paso la muerte real; en el presente caso no se ha dado. (Corte Superior de Ayacucho, 2018, p. 25).

Como podemos observar, los resultados de los profesionales en su respectiva materia (psicológica y psiquiatría) ninguno ha logrado probar un móvil de desprecio y rechazo por el cual el imputado haya querido matarla por la condición que exige el tipo penal de feminicidio. Es más, ni siquiera estudiaron si existe o no un factor interno que haya producido tal accionar.

Como vimos el caso en los medios de comunicación, Pozo arrastra de los cabellos a Arlette desde la recepción del hotel para llevarla hasta la habitación donde estaban anteriormente. En palabras de Pacheco Mandujano: "tales actos no constituyen acciones con la finalidad de matarla y ninguno de estos actos servirían para acreditar un intento de homicidio". Pero lo que no debemos estar de acuerdo respecto a con la sentencia, es que en realidad hubo un intento de homicidio, cuando el imputado al causarle una digito presión su objetivo fue matarla al momento de asfixiarla y no dejarla respirar. Terminando todo esto en lesiones leves lamentablemente y otro caso de tentativa de feminicidio al fracaso.

Los peritajes manifiestan que Adriano Pozo tiene el trastorno *bordeline* (personalidad limítrofe, emocionalmente inestable pasivo-agresivo), en el cual sus controles de impulsos son inestables, no se consideran capaces de matar a otra persona, especialmente resultaría imposible matarla por su sexo. Por los motivos y pruebas expuestos, Arlette tuvo que apelar.

Quiero dejar en claro que cito este caso de tentativa de feminicidio no por ser uno de los más controversiales en el país, por el contrario, lo cito por ser uno de los casos de los cuales se evidencia una mala interpretación de la norma jurídico penal al elegir de manera incorrecta una teoría que no se ajusta con la realidad de los hechos, las cuales hacen que no se puede probar la verdadera intención del agente, no se puede probar que se mate a una mujer por ser mujer.

Muy aparte de eso, lo cito no con el afán de incomodar a la agraviada ni a su familia, quiero dejar en claro que rechazo todo tipo de violencia hacia la mujer, no por ser mujer, rechazo todo tipo de violencia cometido contra ellas por el simple hecho de ser seres humanos, así como también rechazo todo tipo de violencia cometida en contra de niños y ancianos los cuales considero lo más vulnerables en la sociedad. Estoy de acuerdo en aplicar la mejor sanción y ajusticiar al infractor del injusto penal pero con los medios idóneos, de lo contrario tendremos otro caso más de violencia archivado y convertido en impunidad para la sociedad.

El fiscal que denuncie por feminicidio se encontrará con este problema, deberá sustentar que el imputado mató a esa mujer por ser mujer. Asimismo, mostrar las pruebas fehacientes para su teoría del caso y aún si así fuera, si se encontraran las pruebas psicológicas y psiquiátricas suficientes, siempre habrá algún mínimo de error, un mínimo de incertidumbre jurídica, alguna duda, y como bien sabemos, la duda favorece al reo.

En el 2013 mediante el Diario "ABC Color", María Gloria Bobadilla, abogada y defensora de los derechos de género en Paraguay reconoció que es sumamente difícil para el juzgador determinar si realmente se actuó con odio, desprecio y subestimación, ya que esto se prueba en el fuero interno del sujeto, lo cual hace confuso en reconocer. Dijo lo siguiente: El odio proviene del fuero interno lo que resulta sumamente difícil para el juez determinar si realmente ese sujeto actúo con odio, desprecio y subestimación y para ello será de trascendental importancia el valor de la prueba.

Por último, debido a los graves cuestionamientos dogmáticos, se decide delimitar su configuración típica. La Corte Suprema de Justicia se pronuncia al respecto en el X Pleno Jurisdiccional de las Salas Penales Permanente y Transitoria, publicada en el "El Peruano", el ACUERDO PLENARIO N° 001-2016/CJ-116 refiriéndose al tipo subjetivo del feminicidio de la siguiente manera:

47. (…) Hurgar en la mente del sujeto activo, los alcances de su plan criminal, es una tarea inconducente. Ha de recurrirse a indicios objetivos para dilucidar la verdadera intencionalidad del sujeto activo". Esto quiere decir que no conduce a ningún fin o no tiene propósitos determinados por el autor de tal conducta, es algo improcedente en su objetivo. (Corte Suprema, 2017, fundamento 47).

Al referirse la Corte Suprema a que es una tarea inconducente significa que no se puede probar, no conduce a ningún fin. Esta sería la razón por la cual las denuncias de trámites de feminicidios han disminuido, ya que los fiscales que son quienes tienen la carga de la prueba, no son capaces de demostrar que aquellos actos realizados por el sujeto activo no se ajustan al tipo penal del feminicidio y no pueden hacer encajar la conducta realizada dentro del tipo penal (tipicidad) y prefieren denunciar por otros delitos, todo esto obviamente analizada por consideraciones finalistas. En este caso, los jueces están obligados a absolver a quienes sean procesados por el delito de feminicidio ya que es casi imposible demostrar que se asesina a una persona por una condición inherente al ser humano, en este caso su condición natural, la del sexo femenino.

Compartimos la idea de Peña al decir que, quien realiza la conducta feminicida, esto al matar a su pareja o ex pareja, no lo hace porque aquella es una mujer, al contrario, lo hace porque no sobrelleva la idea de que lo abandonen, o que le hayan sido infiel. De igual manera, de que aquella pueda estar con otra persona; máxime, si la pareja puede ser del mismo sexo y esto implica, que el agente del delito de feminicidio puede también ser otra mujer y, esto no es tomado muy en cuenta por el legislador. (Peña, 2015, p. 139). (23)

3. LA TEORÍA DEL FUNCIONALISMO (ROL SOCIAL)

El funcionalismo es una corriente metodológica que se desarrolla básicamente en la segunda mitad del siglo XX que se extiende por los ámbitos de la antropología, la sociología, la psicología, la política, alcanzando incluso al Derecho. (Montoro, 2007, p. 369). Lo que define a esta corriente es "acogerse a los deberes sociales". Estuardo Montero Cruz señalaba que el funcionalismo estudia a la sociedad sin tener en cuenta su historia, la estudia tal y como la encuentra e intenta comprender como cada elemento de aquella se articula con los demás, encuadrando un todo y practicando un destino dentro de esa sociedad.

Los principales expositores del funcionalismo son Claus Roxin, con su funcionalismo moderador, valorativo y de política criminal junto con Gunther Jakobs en su funcionalismo normativista o también llamado radical. Tras las confusiones que se emanaba de las teorías anteriores (causalista y finalista) el funcionalismo llegar a resolver esta problemática con un método que se propone como objetivo la comprensión y explicación de las estructuras sociales, no a partir de un origen histórico o dogmático, tomando como punto de partida la observación, análisis y estudio de las funciones que realizan las estructuras sociales. (Meehan, 1973, p. 105).

El pensamiento de Jakobs proviene del pensamiento de una corriente sociológica creada anteriormente por Luhmann. Jakobs nos brinda otro tipo de funcionalismo penal, calificando al delito como una defraudación de expectativas pero con un deber de seguir con la subsistencia de tales normas hasta llegar a la conclusión que la sociedad se mantiene por estas. Es así que con esas mismas normas tales personas alcanzan libertad e identidad. Jakobs refería que los derechos y los deberes quedarían en obligación del derecho penal en velar por estas como el medio idóneo y el más capacitado para protegerlas. Plantea la idea de que cada ciudadano tiene un rol distinto en la sociedad, los cuales tienen el deber de desempeñar determinadas conductas para no quebrantarlas, y si esta persona no cumple con aquellos deberes que desempeña, será acreedor de una consecuencia jurídica por tal vulneración.

Así explica Jakobs, que en el ordenamiento jurídico actual se debería interpretar respecto al diseño de los deberes (roles) y derechos de las personas y no conforme al esquema de la satisfacción o insatisfacción de los humanos al resultar demasiado evidente que, si se trata de la vigencia, la comunicación está condicionada por la norma y no por los beneficios individuales vinculados a su cumplimiento o los perjuicios individuales que se ponen en riesgo como derivación de su incumplimiento.

La persona humana en el transcurso de su vida sigue y respeta una serie de roles durante etapas cotidianas, desplegando una serie de conductas en su día a día. Polaino Orts, afirmaba que cada persona al desarrollar un rol social tiene una responsabilidad de estos en la medida que, dentro de cada acto que realiza esta persona, se espera saber qué es lo que presume la sociedad de ese mismo individuo. En conclusión, dichas conductas son expectativas que se ha de cumplir por medio de su comportamiento en el rol que les toca desarrollar y en cuya obligación radica los acuerdos a los fines propuestos. Los roles que se les impone son deberes y derechos que aquellas personas están obligadas a cumplir con determinadas tareas en función a la que ejercen.

Así tenemos por ejemplo, un abogado al desempeñar su cargo (rol) de abogado está condicionado y sometido a las normas jurídicas que pautan su conducta como abogado, respetar lo que diga el código de ética del abogado, ceñirse al procedimiento de un debido proceso en el caso de un juez. El taxista tendrá que respetar lo que diga el reglamento nacional de tránsito. El policía tendrá que acogerse al régimen disciplinario de la policía nacional. El padre de familia tendrá el deber de asistir alimentos, educación, protección, tutela de sus hijos y de su esposa, el estudiante tendrá que ceñirse a lo que diga el reglamento de su universidad/colegio.

La sociedad sabe y está segura que en esos momentos en que se desempaña tales roles éticos, morales y profesionales no podríamos salirnos o irnos en contra de la ocupación que estamos realizando. En este caso, la teoría funcionalista es mucho más fácil de investigar e imputar a un sujeto el hecho de salir o ir en contra de esos roles. El funcionalismo no investiga el pensamiento, causas y ni tampoco los fines para la consumación del hecho delictivo, esta imputación se hace conforme a que al desempeñar la función de un rol social quebranto aquellas normas y soy susceptible de ser imputado por cometer un delito. Aquí algunas situaciones de la vida real en las que entraría a tallar la teoría funcionalista.

-Los padres que deciden dejar a sus hijos solos en casa por irse de fiesta, al pasar las horas ocurre un incendio en el domicilio y a causa del humo los niños mueren asfixiados. Esto originó un quebrantamiento de los deberes, ya que en esos momentos aquellos adultos debieron quedarse en casa y ejercer el rol de padres de familia, los cuales tenían la obligación de proteger y el deber de atención de sus hijos. Por la omisión a estos deberes se les imputará por riesgo y abandono de personas en peligro.

-El taxista que maneja en estado de ebriedad y se pasa la luz roja terminando por atropellar a un peatón y al no auxiliarlo decide fugarse, al ser capturado es imputado por el delito de abandono de persona en peligro, omisión al deber de socorro y por el delito contra la seguridad pública.

-El profesor que reiteradamente hace propuestas sumamente inmorales a sus alumnas, quebranta el rol que tiene como educador y al ser descubierto este es imputado por acoso y hostigamiento.

-Adentrándonos en el delito de feminicidio, el esposo que intenta tener intimidad con su esposa pero este encontrándose en un estado de ebriedad la esposa se niega y desiste de la relación completamente, aquel decide violarla y ante la negativa de ella, termina golpeándola hasta matarla. El hombre quebrantó el deber que tenía como esposo en cuidar, proteger, amar y respetar a su esposa, como consecuencia de su conducta será imputado por el delito de feminicidio.

El problema del feminicidio quedaría resuelto si las muertes de mujeres se analizaran conforme a la teoría del rol social de Gunther Jakobs, en solo probar que A mató a B. La teoría del rol social sería la más idónea para poder estructurar una teoría del caso eficaz y no llegar a estudiar y probar estrictamente que se mata a una mujer por ser mujer, simplemente se estudiaría y analizaría que se quebrantó aquellos roles sociales-éticos de aquellos hombres que al no ceñirse con las normas jurídico penales que estaban obligados a respetar, no pudieron actuar de otra forma cometiendo el ilícito.

4. HOMICIDIOS DE MUJERES QUE NO CONSTITUYEN FEMINICIDIOS

Es importante aclarar que toda muerte de una mujer no constituye feminicidio directamente, puesto que ellas pueden morir en cualquier tipo de circunstancias. Por ejemplo, muertas en un accidente de tránsito, tiroteo, asaltos, etc. Podemos encontrar diversos "homicidios de mujeres" a los homicidios que se producen por robos o asaltos, en sucesos de terrorismo, por ajustes de cuentas, etc. En los casos presentados, no existe una relación entre la víctima y el presunto victimario o se ha encontrado alguna particularidad que distinga estas muertes de las de los hombres. (Villanueva, 2009, p. 91).

Jaris Mujica, Magíster en Ciencias Políticas por la PUCP, sostenía que no todo sujeto que tenga un valor discriminatorio comete un feminicidio, refiriéndose puntualmente a los celos al ser sentimientos no pueden ser expresión de odio, pueden generar desconfianza, inseguridad, temor, por regla general, los celos pueden llegar a ser la base anímica del homicidio por emoción violenta. En la figura de homicidio por emoción violenta, realmente no se mata a una mujer por su condición, el agente causa aquella muerte por estar en un estado de obnubilación de la conciencia a que llevan estos celos.

En el año 2012, el MIMP establece los motivos por los cuales se producen la mayoría de casos de delito de feminicidio y tentativa de feminicidio, que en su mayoría estos ocurridos por situaciones inesperadas. También señalan que pueden concurrir diversos motivos en responsabilidad del agresor en la agresión al realizar más de dos motivos en una misma acción. Los resultados son las siguientes:

Motivo	Total	Feminicidio	Tentativa	%
Celos	61	25	36	38%
Infidelidad	13	6	7	8%
Decide separarse	19	8	11	12%
La negación a ser pareja	16	7	9	10%
Venganza	4	3	1	3%
La víctima lo denuncia	9	2	7	6%
La víctima se va de la casa	4	1	3	3%
La víctima inicia una nueva relación	3	2	1	2%
Otros	69	48	21	43%
Sin datos	9	8	1	6%
Total	159	93	66	100%

Fuente: Registro de feminicidio y tentativas MIMP.

Muchas veces, los celos son los móviles más característicos del agresor, este presume la infidelidad de su pareja o ex pareja, no pueden aceptar desvincularse de ella, los celos son sentimientos, inquietudes que se consideran en su mayoría las causas de violencia en todo tipo de relación sentimental. La Real Academia de la Lengua Española define a los celos como: "La sospecha, inquietud y recelo de que la persona amada haya mudado o mude su cariño, poniéndola en otra".

El Ministerio Público en el escrito Homicidio y feminicidio en el Perú (septiembre 2008 - junio 2009) consideraba como presuntos motivos de feminicidios entre parejas y ex parejas a los siguientes:

N°	Presunto motivo	Tipo de feminicidio: Íntimo	%
1	Celos	38	57.6
2	Resistirse a continuar una relación	9	13.6
3	Resistirse a regresar con la pareja o ex pareja	3	4.5
4	No estar de acuerdo con el embarazo de su pareja	3	4.5
5	Supuesta infidelidad de la víctima	3	4.5
6	Para silenciar relación extramatrimonial	1	1.5
7	Conflicto por pensión de alimentos	1	1.5
8	Resistirse a suicidarse con él	1	1.5
9	Problemas económicos	1	1.5
10	Gritar en el acto sexual	1	1.5
11	No hay información	5	1.5
	Total	66	100

Fuente:
Observatorio de la Criminalidad del Ministerio Público

Ejemplos de situaciones en las que ocurren feminicidios.

-La mujer le es infiel a su esposo y este la asesina en el momento.

-La mujer se interrelaciona en su mayoría con hombres que con mujeres, el enamorado se siente celoso y ejerce violencia contra ella hasta matarla.

-La mujer termina una relación sentimental con el futuro homicida para iniciar otra, este se entera y decide matarla porque no asume la idea de que lo abandonen o intentar verla en otra relación con un sujeto a parte.

-La mujer denuncia a su agresor y este la asesina.

-El hombre comete violencia al intentar tener relaciones sexuales con la mujer, al ver que ella lo rechaza, decide violarla y golpearla, como consecuencia de tal agresión física, el sujeto la mata.

-El hombre mata a su pareja extramatrimonial porque aquella está embarazada.

5. CASO: JUANITA MENDOZA ¿FEMINICIDIO U ASESINATO?

Uno de los crímenes que llamaron la atención para la sociedad peruana fue el asesinato cometido en contra de Juanita Mendoza en Cajamarca, aquella mujer que se encontraba trabajando vendiendo salchipapas fuera de su domicilio fue carbonizada aún viva por su ex cuñado Esneider Estela en un completo acto de venganza por que aquella se oponía a la relación de su hermana Liliana con el imputado. Pero a mi juicio, si este caso hubiera sido procesado por feminicidio hubiera sido posible que el imputado no reciba la penalidad adecuada, ya que al comprobarse que el accionar realizado no se adecuaba con los cuatro presupuestos que señala el delito de feminicidio y sobre todo con el fin señalado. Finalmente se le condenó con 35 años de pena privativa de libertad.

Lejos de no haber demostrado la finalidad que su tipo penal establece "el que mata a una mujer por su condición de tal" las conductas desplegadas no encajarían (tipicidad) dentro de los cuatro presupuestos que el delito de feminicidio determina para la imputación de este, a continuación analizaremos tales circunstancias.

-Primer presupuesto (Violencia Familiar)

Como primer presupuesto, la víctima y el victimario debieron tener una relación matrimonial, de concubinato (vivir juntos) o una relación afín para su configuración. Juanita Mendoza tenía un compromiso y solo se dedicaba a velar familia; especialmente por sus hijos, por lo tanto su cuñado Esneider Estela no tenía ningún vínculo sentimental con ella, se tendría que comprobar que aquella muerte se realizó en un entorno familiar y al no ser familia, el primer presupuesto no encajaría en dicha conducta. Hubo peleas, sí, señalaba Liliana Mendoza (hermana de la víctima) que su hermana era una de las primeras en oponerse a su relación con Estela, ya que este la maltrataba constantemente, la mantenía encerrada y amenazada, pero analizando la norma, una oposición a una relación no se configura como violencia familiar. De otro modo, el agente al actuar en circunstancias de uno de las agravantes del delito de homicidio calificado (asesinato) siendo este el fuego y actuar con ferocidad, se le imputó por tal delito. Lastimosamente, este tipo de conducta hace padecer a la víctima hasta su muerte y al poder visualizar tal escenario hace que este delito sea imperdonable y muy horripilante para la sociedad.

-Segundo presupuesto (Coacción, hostigamiento y acoso sexual)

Hemos visto anteriormente que la coacción es la fuerza que ejerce una persona para obligar a otra en hacer algo en contra de su voluntad. En ninguno de los hechos en los que se produjo el delito no se probó que el imputado obligaba o prohibía la libertad de tránsito de la víctima o su libre desarrollo, lo que hizo fue amenazar a su pareja hasta cumplir su propósito. Tampoco fue acosada, vigilada ni hostigada con un ánimo perturbador o en un afán de burlarse de ella.

-Tercer presupuesto (Abuso de poder, confianza o de cualquier otra posición o relación que le confiera autoridad al agente)

Reátegui explicaba que los abusos de poder, de confianza, se sujetan en función de relaciones parentales. Esneider Estela no tenía ningún poder económico o de autoridad contra Juanita, ni ocupaba un lugar de superioridad. Tenemos de conocimiento, en testimonio de Liliana Mendoza que fue la víctima quien se enfrentó físicamente a Esneider Estela en defensa de su hermana porque aquella no quería que su hermana continúe con la relación.

-Cuarto presupuesto (Cualquier forma de discriminación contra la mujer, independientemente de que exista o haya existido una relación conyugal o de convivencia con el agente)

No se produjo ninguna situación de esta naturaleza. El imputado no actuó con un estereotipo sexista, o se sentía inferior o superior a su víctima, cometió el crimen por pura venganza y a mi criterio resultaría muy ridículo que se le haya imputado por tal presupuesto.

6. PROBLEMAS DE APLICACIÓN, CUESTIONES CONCURSALES Y CONFLICTO APARENTES DE LEYES PENALES

Las conductas que hoy se sancionan con el delito de feminicidio pudieron encajar perfectamente en los tipos penales que antes de la tipificación de este ya penalizaban los actos que peligraban la vida de un ser humano, ya que el bien jurídico a proteger es el mismo, la vida humana, me refiero a los delitos del parricidio y homicidio calificado (asesinato). Existe conflicto aparente de normas penales al estar en una situación donde un hecho punible incurre en diversos institutos penales excluyentes entre sí y donde solo uno de ellos debe ser aplicado. El conflicto es solo aparente, ya que el ordenamiento jurídico proporciona las nociones rectoras para utilizar la norma legal conveniente. (Peña, 1999, p. 99). Se tiene que recurrir a la doctrina, examinando los principios para resolver este problema.

Polaino citado en Peña refería que al penalizar una conducta, este debe reconocer con detenimiento si es que existen ya otras figuras delictivas, susceptibles de recogerlos, según la ratio de las mismas; cosa que no ha hecho el legislador, sabedores que el tipo penal de Asesinato así como el de Parricidio, pueden encajar sin ningún problema dichas conductas y así no dar lugar a un conflicto aparente de normas; esto como consecuencia que el legislador quiere justificar una penalidad de contornos más urgentes (pena de cadena perpetua), por eso realiza un discurso discriminador sobre una aparente debilidad de la mujer ante el varón, que en vez de reivindicarla, la denigra como persona en el margen de un contexto de superioridad. (Peña, 2015, p. 179).

En el concurso aparente de leyes se establece que, son aplicables en sentido aparente varios tipos penales en donde la conducta del autor quedará comprendida por uno de ellos para determinar el delito tras la interpretación de las normas y principios jurídico - penal. El derecho penal sanciona a una sola conducta peligrosa y delictiva evitando sancionar con figuras repetitivas el mismo acto. Los principios que la doctrina estudia para desarrollar las formas en las que se relacionan estas normas son los siguientes: Principio de especialidad, principio de consunción, principio de subsidiaridad y principio de alternatividad.

El principio de especialidad, establece que en el supuesto de que un mismo hecho delictivo sea normado por dos o más leyes, se debe elegir la norma especial por la general, bajo el precepto Lex specialis derogat generali (la ley especial deroga a la general) encontrándose de alguna forma los mismos caracteres en la norma general al igual que en la especial pero con algunas particularidades que hace que se elija esta última cada vez que el tipo específico se encuentre contenido en algún delito como un elemento muy característico del hecho, este excluye a los tipos penales simples, los tipos penales como el del feminicidio y parricidio son considerados por la doctrina como tipos penales privilegiados. Por ejemplo, el tipo penal del feminicidio y parricidio desplazan al delito de homicidio simple (art. 106 CP) por presentarse algo muy especial en ellos, la relación de parentesco entre el autor y la víctima, en el caso de que un hijo mate a su madre o un esposo a su esposa, esta conducta presenta la característica del tipo penal del homicidio simple, que es de dar muerte a una persona, pero podría configurarse como feminicidio o parricidio por la relación que tenía cada uno en aplicación del principio de especialidad. Para la aplicación del principio de especialidad se justifica la primacía de la "lex speciali" frente a la "legi generali".

El principio de consunción por su parte, aplica cuando un hecho sancionado por una norma se encuentra en otra de mayor alcance, no importando el resguardo del mismo bien jurídico. Es decir, el tipo penal ya está contenido y consumido por otro, el cual puede prescribir una penalidad con mayor o menor severidad aplicándose esta última. El ejemplo más claro y utilizado es el delito de hurto agravado, cuando se sustrae un bien mueble y en el trayecto se causa daños materiales, como forzando las puertas o rompiendo cualquier objeto para la huida del autor, llevando el delito de hurto al de daños.

La subsidiariedad, involucra la protección de un mismo bien jurídico por diferentes tipos penales en distintos grados de punibilidad. Por regla general se aplicaría el tipo penal que contemple el agravio más significativo, pero si su aplicación no es muy factible se aplicara la norma subsidiaria, esto se hace para no dejar sin sanción otros hechos no contemplados en el tipo penal de preferencia al concurrir varios (tipo penal principal). Su objetivo es abarcar todas las conductas a penalizar donde se intensifica su marco de protección jurídica. Tenemos el ejemplo de la tentativa, que es considerada subsidiaria al hablar de la consumación de un delito. En el caso del delito estudiado, se aplicaría la tentativa de feminicidio.

La alternatividad, es cuando dos o más tipos penales tienen igual rango o equivalencias entre ellos, lo que importa es elegir uno de estos dos para la subsunción si aun así los principios anteriores no puedan resolverlo. La doctrina establece que se debe aplicar el delito con la mayor pena posible y el juez elegirá a su criterio el tipo penal a sancionar. Si las penas son iguales, el juez debe decidir por el bien jurídico con mayor importancia en virtud del principio de alternatividad.

6.1. CONCURSO APARENTE ENTRE EL FEMINICIDIO, HOMICIDIO, PARRICIDIO Y HOMICIDIO CALIFICADO (ASESINATO)

El delito de feminicidio está relacionado con los delitos de homicidio, parricidio y homicidio calificado (asesinato) en el ordenamiento jurídico penal, casi siempre aplicándose el primero a comparación con los otros delitos mencionados. El delito de feminicidio es por el cual los fiscales imputan a los asesinos en su mayoría, muchas veces por la carga de la sociedad a través del populismo penal sin fijarse ni examinar si existe un conflicto de leyes penales y buscar cual encajaría mejor la conducta a castigar.

Estos delitos tienen el mismo verbo rector (matar), el mismo bien jurídico protegido (vida), y el de dar muerte a su víctima como resultado. Conforme a los principios estudiados líneas arriba, el juez determinará qué tipo penal es el más idóneo para solucionar el conflicto de leyes penales y poder resolver para cada caso concreto, ya que dichos delitos son equivalentes (homicidio, parricidio y asesinato). El delito de feminicidio, que para la doctrina penal es un delito exclusivo y privilegiado, su ámbito de aplicación va mucho más allá que los demás, ya que sus presupuestos de hecho y agravantes no los encontramos en los mismo delitos penales por los que se produce el conflicto, su penalidad es una de la más rigurosas y especifica al sujeto activo como el único en poder consumarlo a una persona del sexo masculino y al sujeto pasivo como única víctima a una persona del sexo femenino, su condición de punición está en matar a una mujer por "su condición de tal", es por estas razones que es un delito muy especial.

6.1.2. CONCURSO APARENTE ENTRE FEMINICIDIO Y HOMICIDIO

El delito de homicidio se regula en el artículo 106° del código penal, sanciona la conducta que vulnere el tipo penal: "El que mata a otro", encontrándose a su vez el mismo verbo rector que la mayoría de delitos consagra "matar". Tiene lugar a un concurso de leyes penales con el feminicidio ya que los dos sancionan la conducta al matar a alguien, y a su vez estos dos delitos protegen el mismo bien jurídico "vida". Aquí entraría a tallar rápidamente el principio de especialidad, el cual el juez escogería el delito de feminicidio, ya que este por ser una norma especial prima por la general, en este caso el homicidio es desplazado por la primera (feminicidio). El homicidio sanciona únicamente a una persona por matar a otra, pero a diferencia del feminicidio, este establece los contextos y agravantes por los cuales se mató a esa persona. Si la mató en un entorno de violencia familiar o que si la víctima estaba gestando en el momento de la agresión, si concurren dos circunstancias agravantes su penalidad será de cadena perpetua. Finalmente, el feminicidio se consideraría como una agravante del delito de homicidio en realidad.

6.1.3. CONCURSO APARENTE ENTRE FEMINICIDIO Y PARRICIDIO

El delito de parricidio se regula actualmente en el artículo 107° del código penal y sanciona los actos ilícitos en contra de la vida de los familiares cercanos en relación de parentesco por consanguinidad, denominando al sujeto activo como parricida, a aquel que a sabiendas mata a su ascendiente, descendiente, natural o adoptivo, o a la persona con quien sostiene o haya sostenido una relación conyugal o de convivencia.

El parricidio se configura como un delito de infracción de un deber en protección de las instituciones de la familia, el matrimonio y el concubinato. (Carnero, 2017, p. 120). Sin embargo, podemos apreciar que guarda mucha relación con el delito de feminicidio quien en su primer supuesto castiga los actos cometidos en un entorno familiar (violencia familiar). ¿Cómo debe sancionarse tal conducta? Como parricidio cuando un padre mata a su hija, los cuales los dos se encuadran en una relación de parentesco en línea recta, o sancionar con el tipo penal del feminicidio al encuadrar el supuesto de violencia familiar al tratarse de los mismos supuestos de hecho. ¿Cómo resolveríamos cuando el sujeto mata a su madre por recibir anticipadamente una herencia? O caso contrario ¿cómo resolveríamos si este mismo agente mató a su madre, hermana por celarlas y no hacer cumplir con lo que él decía cuando todos los sujetos tienen una relación de parentesco y existen los mismos presupuestos del delito de feminicidio?

En la mayoría de casos, se aplica el principio de alternatividad al concurrir tal fenómeno, el cual establece que se debe aplicar la de mayor penalidad. La pena del feminicidio es mucho más elevada al sancionar entre veinte y treinta y cinco años de privativa de libertad. Será decisión del juez el sancionar tal conducta como feminicidio o parricidio todo esto para proteger a la familia.

6.1.4. CONCURSO APARENTE ENTRE FEMINICIDIO Y HOMICIDIO CALIFICADO

El asesinato, regulado en el artículo 108 del código penal, establece un supuesto que se estipula en el numeral siete del delito de feminicidio, "Cuando hubiera concurrido cualquiera de las circunstancias agravantes establecidas en el artículo 108" y son los que se mate a una mujer por: Ferocidad, por lucro o placer, o para facilitar u ocultar otro delito, con gran crueldad, o alevosía o por fuego, explosión o por cualquier otro medio capaz de poner en peligro la vida o salud de otras personas, agravándose de este modo su pena para el autor. El sujeto que mate por tales presupuestos se le podría imputar por asesinato o feminicidio.

Por ejemplo, en el caso de que A descuartiza a B (una mujer) con mucha crueldad en aplicación al principio de alternatividad se escogería el del feminicidio por tener su pena mucho más grave, la cual oscila entre los veinte a treinta y cinco años y si concurren dos o más circunstancias agravantes sería de cadena perpetua, se soluciona al igual que la figura de parricidio y feminicidio según la interpretación de las normas que determine el juez en un sentido jurídico - penal.

parricidio y feminicidio según la interpretación de las normas que determine el juez en un sentido jurídico - penal.

7. LA EMOCIÓN VIOLENTA COMO ATENUANTE AL DELITO DE FEMINICIDIO

Uno de los mayores propósitos de la escuela feminista es eliminar el artículo de la atenuación de la consecuencia jurídica en el código penal, el delito de homicidio por emoción violenta, ya que los homicidios por emoción violenta en el Perú en su mayoría son delitos pasionales característicos por los sentimientos de amor, odio y rencor los cual pueden tener cambios muy repentinos en una persona por una situación inesperada. Al eliminar este tipo penal el sujeto que mató a una mujer, refiriéndonos puntualmente al delito de feminicidio no tendría ningún sustento legal para disminuir su penalidad al haber realizado su conducta bajo los efectos de drogas o alcohol, que son los factores por los cuales se reduce la pena en dicha figura.

Los argumentos que señalan, refieren en principio a que los feminicidios en el país son producto de las construcciones sociales patriarcales, caracterizadas por el machismo y discriminación. Para dicha ideología no se debería reducir la pena por una condición fuera de lo esperado por el agente, pues para ellas no importaría el contexto, razones, condiciones ni circunstancias en las que el autor realizó el crimen. Refieren principalmente que el hombre que mata su pareja o ex pareja lo hace por distintos estereotipos de género como: El que ella es de su propiedad, de su pertenencia, que la mató por dejarlo o involucrarse en una nueva relación sentimental, continuando en asociar a las mujeres en un contexto de subordinación, esto para generar obligaciones de su comportamiento en la sociedad.

Pilar Aguilar, abogada por la PUCP realiza la investigación "La emoción violenta como atenuante de los asesinatos contra la mujer a manos de sus parejas", la cual planteaba que la figura de emoción violenta (24) es algo negativo para la sociedad y para la protección de la integridad y dignidad de las mujeres al justificar la violencia y las prácticas discriminatorias entre varones y mujeres con la figura de la atenuante de la emoción violenta, esto mancillando su honor con los estudios justificados de género.

Aguilar, estudiaba la figura de homicidio por emoción violenta desde la historia del derecho romano, en donde la infidelidad era considerada delito y por tanto era justificablemente castigable, también estudiaba la figura de la emoción violenta desde el derecho español, cuya norma instituía el derecho de venganza a favor de la persona ofendida, en tal época los preceptos religiosos primaban muy rigurosamente en el mundo, lo cual hacía muy riguroso sancionar los comportamientos de índole sexual en sociedad. La mujer era controlada muy celosamente por el varón, y el adulterio era considerado delito, así no hubiera existido una relación de matrimonio entre una pareja. En aquella época el varón tenía el derecho de matar a alguna mujer encontrada en adulterio. Por otro lado, estudiaba la figura en el período incaico y período colonial, el primero se le encargaba a autoridades superiores tomar decisiones para aquella mujer infiel y en el segundo se establecieron leyes que consagraban el derecho de matar.

Califica la investigadora y psicoterapeuta que, actualmente la atenuante de emoción violenta es parte del Derecho Penal simbólico y como tal, en vez de ser uno de los instrumentos sociales que coadyuven a cambiar la situación de sometimiento y violencia a la que se encuentran sujetas muchas mujeres, encubre esta situación o peor aún la promueve. La autora persiste en calificar a esta figura (atenuante por emoción violenta) como parte del derecho penal simbólico, que es una figura en la cual el Estado debe proteger las transformaciones culturales en relación a políticas criminales. Asimismo, califica al sistema con apoyar e encubrir los valores y ocultar sus conductas de agresiones masculinas, modelo cultural de las llamadas emociones violentas.

Por último, la autora insiste en que se debe de revisar y rectificar la figura de la atenuación de la emoción violenta para evitar impunidad los casos de feminicidio.

7.1. LA EMOCIÓN VIOLENTA EN EL CÓDIGO PENAL PERUANO

El código penal del Perú, vigente desde 1991 estipula la figura de homicidio por emoción violenta en su artículo 109°, antecedente del artículo 153° del código penal de 1924, el trabajo de este es atenuar la pena en los casos en que los sujetos que actúen bajo el imperio de una emoción violenta, graves alteraciones de la conciencia que no reaccionen normalmente, serán beneficiosos con la atenuación de la pena más no considerados fuera de responsabilidad penal, en este caso solo le sería disminuida la misma.

El artículo 109° señala que:

El que mata a otro bajo el imperio de una emoción violenta que las circunstancias hacen excusable, serán reprimidos con pena privativa de libertad, no menor de tres ni mayor de cinco años. Si concurre alguna de las circunstancias previstas en el artículo 107°, la pena será no menor de cinco ni mayor de diez años.

Lo que actualmente conocemos como homicidio en estado de emoción violenta es fruto de la evolución progresiva del uxoricidio, instituto que aprobaba, hasta los comienzos del siglo XX, el homicidio del cónyuge infiel sin la mínima penalidad. (Aguilar, 2015, p. 1). El varón tenía todo el derecho de matar a la mujer por esas condiciones.

En antaño, se empleaba el vocablo uxoricidio para describir a las muertes de mujeres causadas por los esposos, esto por motivo de los celos. Hechos, vistos como asesinatos de muy poca importancia que posteriormente se identifica a la violencia en contra de las mujeres como conyugicidio (..) (Huertas, 2013, p. 26). En realidad, el uxoricidio, figura que permitía el asesinato de la cónyuge infiel sin pena alguna, ya que en esa época las mujeres eran consideradas como propiedad del marido, moral y mentalmente inferiores a los hombres. El varón tenía el derecho de matar a su pareja encontrada en adulterio.

El código penal de 1863, específicamente en su artículo 234 decía: "El cónyuge que sorprende en adulterio a su consorte da muerte en el acto a ésta o a su cómplice o a los dos juntos, sufrirá cárcel en tercer grado (3 años)". Figura atenuada del homicidio, para el caso del cónyuge que llevado por el imperio de una evidente y poderosa emoción, que altera sus facultades psíquicas, como es el caso de hallar in fraganti al cónyuge adúltera, la mata. Se sustenta, incluso entre los tratadistas y jueces, en el justo dolor producido por el adulterio que perturba la razón y enerva tanto la voluntad que origina el hecho delictuoso. En el código penal de 1924, la figura del uxoricidio desaparece, subsiste como la circunstancia atenuante del homicidio del cónyuge el hecho de que este se produzca bajo el imperio de la emoción violenta que las situaciones hicieran excusables. El código vigente mantiene la figura.

7.2. LA EMOCIÓN VIOLENTA COMO FACTOR DISMINUYENTE DE LA PENALIDAD

Dicha atenuación tiene su fundamento en que el agente comete tal conducta con un ánimo intensamente movido por motivos ajenos al propio autor y atribuibles estos a su víctima, la persona halla y se encuentra frente a múltiples y perturbadas ocasiones con una serie de circunstancias que provocan las reacciones más insólitas, no se podría dar un criterio general, en el cual puedan responder todos los seres humanos ante una determinada circunstancia, cada persona, respetando su condición ontológica, posee una singular caracterización, tomando como base su personalidad y este dato criminológico va a servir al derecho Penal, para suministrar una contestación punitiva conforme a la naturaleza de la conducta criminal, con el propósito de que su penalidad se sujete a los principios de proporcionalidad y de culpabilidad. (Silva, 2017, p. 43).

Las emociones comprenden potencias de orden inconsciente, que van en contra del raciocinio. Las fórmulas a través de las cuales el Derecho Penal regula el homicidio bajo el estado de emoción violenta, tienen a la base la consideración de que la emoción es un puro hecho psíquico en sí, ajeno a la influencia de la cultura. Tales contextos del hecho que fundamentan la excusabilidad de la emoción, son aquellas de las que se puede afirmar que han provocado la emoción, ira, honor mancillado, ofensa injustificada, estas circunstancias se valoran con irritabilidad natural del sujeto.

La emoción es pensada como un estado psíquico en el cual el sujeto actúa con discriminación de los frenos inhibitorios, de manera que, cuando dicha situación sea excusable, la ley disminuirá la pena en razón de cierta atenuación de la culpa. (Soler, 1970, p. 57). (25) La emoción violenta es un hecho psíquico, un estado afectivo que transforma de modo momentáneo pero brusco el equilibrio de la estructura psicofísica del individuo. Un ser humano puede perder el control de su domininabilidad conductiva, que sin serlo de forma anulatoria, debe ameritar una morigeración de la sanción punitiva. (Peña, 2015, p. 160).

Creus, nos señala que debe existir en primer lugar una causa provocada por la emoción como estímulo percibido por el autor desde afuera que sea un estímulo recibido por el autor desde fuera; la emoción no debe haberse conformado en el mero desarrollo interno de sus sentimientos a raíz de las características de su temperamento, lo cual no quiere decir que dicho temperamento deba estar, a priori, excluido de la atenuante, ya que puede por el contrario, resultar campo fértil para que el estímulo externo opere eficientemente. El autor pierde el dominio de sus acciones, pudiendo llegar hasta un proceso de obnubilación de la conciencia.

Según la clínica de la Universidad de Navarra (España) en su diccionario clínico virtual explica que la obnubilación de la conciencia:

Es la disminución del nivel de conciencia que se caracteriza por la existencia de confusión, torpeza de movimientos, lentitud psíquica y disminución de la atención y de la percepción. Aparece en intoxicaciones producidas por un gran número de sustancias psicoactivas (barbitúricos, tranquilizantes), después de traumatismos craneoencefálicos, con posterioridad a una crisis convulsiva epiléptica y en otras muchas enfermedades que cursan con una afectación cerebral. (26)

Al revisar este tipo penal se debe examinar psíquica e individualmente al agente para que se justifique el actuar del imputado bajo las condiciones de emociones violentas, la ley exige dos presupuestos, estar bajo el imperio de la emoción violenta al momento del hecho y que las circunstancias hicieren excusables la reacción emocional. Hurtado Pozo afirmaba que "lo excusable no es el delito sino la emoción bajo cuyo imperio la infracción es ejecutada". La emoción violenta constituye principalmente en un tema de psicología ya que las emociones violentas son fuerzas opuestas al raciocinio.

Para invocar esta figura, el derecho penal determina algunos criterios sociológicos y jurídicos:

-La violencia de la emoción: Impulso desordenadamente afectivo

-Factor sorpresa: El shock debe ocasionar un estado de emoción completamente violento para la adecuación del hecho y solicitar la figura, la doctrina establece que ante la duda o sospecha, los frenos inhibitorios están advertidos y no encajaría.

-El medio empleado: El agente despliega su accionar con el uso de determinados medios reñidos con la situación.

Peña establece presupuestos para que pueda configurarse la excusa por emoción violenta, los cuales son: 1. Reacción agresiva: Causas eficientes para poder valorarlas que por la condición generó tal conducta, explicado conforme al ambiente, status económico/social del agresor y su víctima. 2. La emoción debe ser violenta: Refiriendo que la conducta debe expresar y desencadenar una perturbación de las facultades sensitivas del agente. 3. Que la conducta agresiva y reproducida haya sido involuntaria al agente: No planificada y dada por el momento. Peña citaba el ejemplo del esposo que encontraba a su esposa infiel en su propio lecho conyugal; y 4. Que no exista un deber del agente: Circunstancias incómodas por el agente, siendo este obligado a someterse propias de su trabajo.

Es importante señalar que los actos preparatorios y el conocimiento anticipado del hecho no se tomarán en cuenta para tomar como atenuante la conducta homicida bajo la emoción violenta, ya que el autor conocía el hecho por el cual decidió cometer el delito antes de su ejecución, siguiendo con su accionar por el hecho de realizar una venganza sin ningún tipo de capacidad de freno el agente realiza el ilícito. Por ejemplo, A consume alcohol para tomar valentía y realizar el feminicidio, A sabe que en esa condición su pena puede reducirse o librarse de todo tipo de responsabilidad, definitivamente no debería existir ningún atenuante, esta persona que prepara la escena y que consume todo tipo de droga, no lo hace circunstancial, se determinará con las investigaciones previamente estudiadas.

8. LA INCONSTITUCIONALIDAD DEL FEMINICIDIO

Desde la incorporación del delito de feminicidio en el ordenamiento jurídico-penal del Perú, para algunos se hace un trato desigual para el sexo masculino con este delito. Por otro lado, vulnera principios rectores del derecho penal como los siguientes:

8.1. SE VULNERA EL PRINCIPIO CONS-TITUCIONAL DE IGUALDAD

La igualdad desde una perspectiva constitucional, es un ideal conquistado e institucionalizado como principio rector y pilar fundamental de la democracia en los Estados de derecho, garantiza tutela jurídica en mérito al respeto de la dignidad del ser humano y una protección de igualdad ante la ley.

La dignidad humana es un derecho fundamental e inherente a la persona por el hecho de serlo, constituye la base de todo sistema legal, tomando a la persona humana como fin primordial del Estado (Rueda, 2015, p. 367). Asimismo, Bermúdez (2001) afirma que "Sobre la noción de igualdad descansan todos los derechos humanos" (p, 25). Es decir, su inclusión en el ordenamiento jurídico garantiza la protección que este reconoce como regla general, que todas las personas sean tratadas con igualdad ante la ley sin recibir ningún trato discriminatorio. En consecuencia, todos somos iguales ante la ley.

Entonces, cuál es el problema del delito de feminicidio en torno al principio de igualdad. En este caso, el derecho penal otorga mayor tutela jurídica a la vida de la mujer al contar con una norma de especial protección creando el tipo penal en mención y otorgando un trato diferenciado y desfavorable para el varón. Cuando se comete un homicidio hacia una mujer, que fácilmente su tipicidad puede encajar en otros tipos penales sin la necesidad de haber creado el feminicidio, este castiga con mayor severidad al agente y no se estudia objetivamente la motivación por la cual este actuó. Con esto, se puede observar claramente una lesión al principio constitucional de igualdad. I) Porque se crea un delito autónomo para prevenir y sancionar actos que pongan en peligro la vida únicamente de la mujer, haciendo énfasis en protección de un solo grupo social. II) Porque su penalidad tiene una mayor severidad que los demás tipos penales que protegen de igual manera la vida y III) Al advertir en su artículo que se hará merecedor de una penalidad más rigurosa, "el que" (varón) actuando dolosamente, termine con la vida de una mujer por las condiciones señaladas en el artículo 108-B del documento coercitivo. De esta manera el Estado y el derecho penal no se mueven en un escenario de total igualdad que digamos.

Ahora, la locución pronominal "el que", no especifica el sexo del homicida, lo podemos encontrar en la mayoría de delitos contra la vida el cuerpo y la salud, y siempre haciendo referencia que este puede ser hombre o mujer, no señala estrictamente que el sujeto activo de la conducta ilícita sea necesariamente un hombre, también lo puede ser una mujer, el victimario puede ser cualquiera de los dos sexos (hombre o mujer).

La ideología del feminicidio no opera principalmente en la medida de proteger el bien jurídico, lo hace en privilegiar un determinado grupo social, dejando en muchos casos fuera de investigación la motivación del agente, calificando la vida de la mujer por encima que la del hombre y creando una guerra de sexos. Por estos motivos, este delito lesiona este principio, al no proteger con igualdad el bien jurídico (vida). El homicidio no tiene género, el homicidio es asesinar a alguien de la especie humana, ya que la vida de los dos tiene igual valor.

Como refiere Polaino (2004) al decir lo siguiente: "Un homicidio es un homicidio no importa quién lo cometa sea hombre o mujer" (p, 69). (27) Estamos más preocupados preguntándonos por ¿Quién cometió el delito? a que ¿Por qué se cometió? y ¿Qué debemos hacer para que no vuelva a suceder? Entonces se plantean las siguientes preguntas ¿La vida de la mujer se considera más valiosa que la del varón? ¿Por qué solo los varones pueden cometer este delito? ¿Qué pasaría si una mujer mata a otra bajo las mismas condiciones? ¿Por qué su penalidad es más fuerte que los demás delitos contra la vida si el bien jurídico a proteger es el mismo?

El Acuerdo Plenario N° 001-2016/CJ-116 dice:

38. La vida humana se protege por igual en el sistema penal. No existen razones esenciales o sustentables en la naturaleza de las cosas para que la vida del hombre o de la mujer deba tener mayor valor y, por ende, ser más protegidas. Como sostiene Benavides Ortiz, los bienes jurídicos se distinguen por el mayor o menor interés que revisten para el Estado y no por la frecuencia estadística con que ocurre su vulneración. (Corte Suprema, 2017, fundamento 38).

8.2. SE VULNERA EL PRINCIPIO DE MÍNIMA INTERVENCIÓN DEL DERECHO PENAL Y EL PRINCIPIO DE ÚLTIMA RATIO

Si aplicamos el medio de control más riguroso que tiene un Estado solo por la coyuntura social y no recurrimos a medios de solución de conflictos extrapenales para solucionar una problemática socio - cultural, se vulnera el principio de mínima intervención del derecho penal, lo que supone que, su actuación se limita únicamente como último recurso disuasivo por parte del Estado para el control de la sociedad, va acompañado con el principio de última ratio, el cual debe recurrirse al derecho penal cuando todos los medios de control social hayan errado. El Derecho penal debe ser utilizado como último recurso por parte del Estado, debido a la gravedad de sus sanciones" (Reátegui, 2014, p, 24).

A mi juicio, incorporándose el delito de feminicidio se ha dejado de lado toda intención de crear políticas de prevención y protección para la mujer. Por ejemplo, cuando el hombre maltrata a su esposa constantemente, esta pueda recurrir a aquellos centros de emergencia mujer y denunciar ante una comisaría y no llegar a ser asesinadas con el tiempo por él, configurándose un caso más de feminicidio. Los programas de ayuda - mujer, socio - educativos, y aquellos que ayuden en mejorar la salud mental de los peruanos, serían mejores alternativas de solución para la realidad que nos acontece actualmente, ya que el delito de feminicidio no revierte esta problemática.

Uno de los principios fundamentos de toda política criminal es la eficacia, el Estado aún no ha logrado reducir los niveles de violencia por solo crear más delitos (feminicidio y discriminación) o endurecer sus penalidades, pero como vemos en la actualidad nacional e internacional, los casos de violencia hacia las mujeres han ido en aumento. De esta manera, el delito de feminicidio, no es el más idóneo a eliminar esta problemática, pues hasta el momento no ha resultado ser la mejor opción para tutelar como medio efectivo un bien jurídico protegido como es la vida humana. La eficacia es un principio rector de política criminal que señala que si la pena no es útil a sus fines preventivos, las limitaciones a la libertad personal y otros derechos fundamentales, que cualquier pena comporta, pierde toda justificación y racionalidad. (Reátegui, 2014, p. 25).

A mi criterio, no era necesario la creación de un tipo penal de feminicidio, ya se habían creado algunos dispositivos legales para este problema. En el ordenamiento jurídico del Perú, podemos encontrar, antes, durante y después de la tipificación del feminicidio artículos y leyes sancionadoras que protegen a la mujer e integrantes del grupo familiar, así como también, el de sancionar, cualquier tipo de trato desigual en contra de ellas. Para estos casos, el ordenamiento jurídico del Perú, está muy equipado de estas, las cuales prevé sanciones a quienes vulneren dichas normas como las siguientes:

- Ley N° 26260, Ley de Protección frente a la Violencia Familiar, que en su artículo n° 2, definía a la violencia familiar como: Cualquier acción u omisión que cause daño físico o psicológico, que se produzcan entre:

A.   Cónyuges (esposos); y B.   Convivientes (concubinos). En este caso, llevándolo al campo del delito materia en discusión, se trataría de uno de los tipos del feminicidio, como es el caso del feminicidio íntimo (asesinato de un hombre con quien la víctima mantenía una relación). Posteriormente esta ley sería modificada por la 26763.

8.3. SE VULNERA EL PRINCIPIO DE CULPABILIDAD Y PROPORCIONALIDAD

En el delito del feminicidio, la condición masculina se imprime como primer presupuesto de una conducta homicida de mayor culpabilidad, ejemplo del llamado derecho penal de autor, el cual supone que se le enjuiciará a un sujeto en este caso un varón, no por lo que hace sino por lo que es, sus efectos no radican en el realizar un determinado hecho, por el contrario, para el feminicidio solo importa la manifestación de una personalidad, atribuyendo al varón una responsabilidad por pertenecer a un grupo históricamente denominado opresor del otro (patriarcado). En el caso del feminicidio, el derecho no debe aceptar ni mucho menos sancionar automáticamente las conductas homicidas del hombre en contra de una mujer sin adjuntarse fehacientemente las pruebas necesarias para tal desvalor, ya que no todos los asesinatos cometidos a mujeres por varones no son por razones de odio, misoginia, puede existir otras motivaciones para el actuar del sujeto activo.

Las manifestaciones subjetivas del propio ser humano como son la discriminación, machismo, desigualdad, se presuponen actualmente factores intrínsecos para un eventual feminicidio, dichas conductas requieren ser estrictamente examinadas con objetividad para comprobarse que la finalidad de la conducta del asesino en ese momento fue dar muerte a una mujer por su condición.

Pero, ¿Qué supone que el único autor de este delito sea un hombre? Debemos analizar que, cuando se refieren a violencia feminicida, esta se considera un delito de género (sexo) y desde la biología existen únicamente dos sexos distintos (masculino y femenino) cuando estos interactúan hay una relación de género, cada uno es indispensable del otro para sobrevivir.

Si no existiera el sexo masculino por ejemplo, no se podría hablar de género, ya que solo hay una condición ontológica, en este caso solo existiera únicamente el sexo femenino en el mundo, no existiría el contrario en la medida en que estos se relacionan generaría esa relación de género. Al referirnos al feminicidio como un delito de género, es porque uno de esos dos géneros elimina al otro, la víctima en el feminicidio es de género femenino, "el que mata a una mujer por su condición de tal", por el contrario, el victimario, solo quedaría ser del género opuesto, el masculino, ya que únicamente existen dos sexos, estos son quienes asumen únicamente esa responsabilidad. Si una mujer matase a otra, a esta no se le imputaría el delito de feminicidio, ya que esta pertenece al mismo conjunto ontológico, esta es la razón por la cual el sujeto activo del feminicidio solo puede ser un hombre.

El profesor Ugaz citado por Peña decía que: El delito de feminicidio no cumple con el principio de proporcionalidad (idoneidad) debido a que no se ha probado fehacientemente la existencia de una justificación de la desigualdad por razón de sexo entre hombre y mujer. En lo que respecta al principio de proporcionalidad, debemos señalar que la pena del delito debe ser proporcional al hecho, no se deben admitir penas o medidas de seguridad exageradas como primer punto. Como hemos repasado con anterioridad en la tipificación del feminicidio en el Perú, las penas han ido variando y aumentando con el tiempo debido a la coyuntura social, creando actualmente una especie de inflación de penas en los delitos en el Perú y en especial en el del feminicidio.

Obliga al legislador y al juez que entre la naturaleza del acto y la penalidad de este se ajuste a la proporcionalidad o medida de su gravedad, a tener en cuenta lo siguiente: El bien jurídico tutelado, dolo o culpa, formas de ataque, si es reincidente, realidad social, etc. Esto se hace para salvaguardar al procesado de los excesos del poder estatal o de los errores judiciales que estos puedan devenir, previniendo eficazmente los delitos.

Por otro lado, es fundamental evaluar la gravedad del ilícito con los bienes jurídicos tutelados por ley, y la privación que contempla esta. La pena del feminicidio es una de las más rigurosas en el sistema penal, prevé una sanción no menor de veinte años, que posteriormente estipula dos situaciones agravantes más. La primera, una pena no menor de treinta años para situaciones, donde esta resulta ser mucho más grave en comparación de los otros delitos que también lesionan la vida humana en sus comportamientos agravantes. La segunda, pena de cadena perpetua, que resulta ser la sanción más rigurosa en cualquier ordenamiento penal (si es que no existiera la pena de muerte) la cual otros delitos, que también vulneran el mismo bien jurídico tutelado como es la vida humana, revisando el código penal, ninguno de ellos la tiene, estamos hablando del homicidio simple, parricidio, homicidio calificado, donde sus penas son menores de quince y no mayores de veinte años.

La inconstitucionalidad del feminicidio encontrada en este principio es que se aumenta y se endurece en forma desmedida sus consecuencias jurídicas sin expresar debidamente los motivos. Nótese que es excesiva la punición del feminicidio encontrándose completamente fuera de razonabilidad legislativa, la cual debe tener el derecho penal para así respetar siempre la proporcionalidad que deben mantener las penas, debiendo establecerse para su legalidad un límite máximo más no mínimo.

9. CRÍTICAS AL DELITO DE FEMINICIDIO

-Su legitimidad: Comprendemos que el delito de feminicidio nacía para poder eliminar la violencia estructural contra las mujeres como principal punto de partida, pero que en la realidad no vemos tal cambio en su necesidad político criminal. Este plus de injusto lo consideraríamos como ilegítimo porque cada delito se tipifica para la reducción y posteriormente eliminación de puestas en peligro y vulneración de bienes jurídicos en la sociedad, no solo porque no se ha disminuido, sino porque su finalidad no debió irse por otros contextos como acuñar la discriminación como factor muerte de la víctima, cuando encontramos ese tipo penal con su propia autonomía. El ilícito de feminicidio es un tipo penal ilegítimo al ver que no reviste o soluciona las situaciones para las que fue creado.

-El bien jurídico: Una de las primeras críticas en contra del feminicidio es la protección de su bien jurídico. Como bien se observó, su tipo penal protege la vida únicamente de la mujer, pero las diversas posturas que hemos observado por la doctrina que va a favor de esta norma y la fuerza de los movimientos sociales hacen que el bien jurídico (vida) no sea en realidad el único en protegerse, sino va acompañado en proteger una especie de igualdad material, por eso Salinas (2015) explicaba que la finalidad de este tipo de delitos era de satisfacer lo que la ideología feminista diga, esto con apoyo de la sociedad (p. 95). Podría atreverme a decir que, también protege un tipo de igualdad material de la mujer al llevarlo y confundirlo como un delito de discriminación, dado que la conducta realizada por el agente es señalada como discriminatoria por la cual dicha mujer no aceptaba o no cumplía con un estereotipo de género, por tanto el hombre la mata por tal desobediencia en una situación de vulnerabilidad. Por otro lado vemos que la valoración de la vida del hombre para el legislador ha significado menos para el ordenamiento jurídico, dado que nosotros no tenemos un delito como este de manera privilegiada, por tanto no gozamos de protección penal especial.

-Tercero, se hace una crítica a la ausencia de políticas educativas y sociales ya que toma una necesidad muy reforzada en proteger a la mujer desde la óptica del derecho penal como medio para su solución, como hemos visto en capítulos anteriores, las cifras de feminicidios, violencia contra la mujer y maltratos han ido en aumento desde la incorporación del feminicidio como delito autónomo, esto desarma la tesis por la cual el derecho penal es el más idóneo para erradicar este problema estimándose que la violencia feminicida se debe a patrones culturales en situación de desventaja. La doctrina es muy estricta al enfatizar en este punto, señala que se debe ir a los medios extrapenales como las medidas socioeducativas, haciendo ver que las mujeres son sujetos de vulnerabilidad y requieren de tutela jurídica cuando en realidad buscan su empoderamiento jurídico - social. Por otro lado los legisladores van a los resultados más no a sus causas de cómo se genera tal violencia, esto no logra alcanzar los fines preventivos como principal característica del derecho penal y política criminal.

-Como cuarta crítica, los delitos de feminicidio, discriminación e incitación a la discriminación (artículo N° 323 del CP) se legislaron gracias a ideologías que se impusieron frente a las reglas, principios que rigen el derecho penal.

-Quinta crítica, las elevadas penas que comprende el feminicidio en cada modificatoria sin los fundamentos necesarios, lesionan la proporcionalidad de las cuales el derecho penal descansa para castigar al infractor teniendo las penas más severas como delito autónomo en el código penal, incluso llegando a la cadena perpetua.

-El dolo y su tipo penal "el que mata a una mujer por su condición de tal" son quizá los términos que más se discute en este delito, se tiene que probar una misoginia para comprobar verdaderamente que el accionar del agente ha sido por tal, si se mejoraría la redacción del tipo penal del feminicidio habría una mejor interpretación de la norma, obteniendo mejores resultados y no seguir con la impunidad.

-La conceptualización de los estudios de género, podemos ver que se confunde fácilmente al delito como uno basado en género, por condiciones naturales a un ser humano, por su sexo, en este caso por ser del sexo femenino, incluyendo que el homicidio se basa en temas de discriminación y factores socio – culturales.

Notas:

21. Almanza, F. Peña, O. (2010). *Teoría del Delito: Manual práctico para su aplicación en la teoría del caso*. Editorial Nomos & Thesis E.I.R.L. Lima-Perú, p, 39.

22. Pacheco, L (2016). *¿Es un fracaso el delito de feminicidio en el Perú?* Portal Web. Prof. Dr. H. C. Mult. Luis Alberto Pacheco Mandujano.

23. Peña, R. (2015). *Curso Elemental de Derecho Penal*. Ediciones Legales Instituto E.I.R.L. Lima- Perú.

24. Aguilar, P. (s.f). *Los asesinatos contra las mujeres a manos de sus parejas*. (Artículo publicado en Mujeres Hoy, de Isis Internacional).

25. Soler, S. (1970). *Derecho penal argentino*. Topográfica Editora argentina, Buenos Aires, p. 57.

26. Clínica Universidad de Navarra. (s.f.). *Diccionario médico*.

27. Polaino, M. (2004). *Derecho Penal. Modernas bases dogmáticas*. Lima-Perú, p. 69.

06. VIOLENCIA FEMINICIDA EN LA FAMILIA Y SU INCIDENCIA POR LOS MEDIOS DE COMUNICACIÓN

1. MARCO SOCIOLÓGICO

En el presente capítulo se pretenderá explicar cómo el delito de feminicidio incurre de manera negativa en la familia y de qué forma repercute en la sociedad los hechos que visualizamos en los medios de comunicación, todos desde un marco sociológico.

2. ¿DE QUÉ MANERA AFECTA LA VIOLENCIA FEMINICIDA A LA FAMILIA?

El delito de feminicidio no solo acaba con la vida de una mujer, o no solo termina con la muerte de la víctima y la posterior condena al victimario, desde mi punto de vista, este problema va mucho más allá, sus consecuencias repercuten secundariamente a los familiares y amigos de la mujer asesinada, víctimas aparte que el mismo agresor nunca supo que haría un daño indirecto después de haber consumado el delito. En primer lugar, si la pareja tuvo hijos, estos quedan huérfanos sin ningún apoyo emocional ni económico, vulnerables a todo tipo de situación. Se produce en la familia de la víctima sentimientos de odio, rencor, autoestima baja, depresión, venganza, y lamentablemente suicidios en algunos casos. Padre, madre, hijos y amigos, sufren cambios estrictos en el que se les hace muy difícil adaptarse a una nueva vida sin aquella persona, ocasionando daños psicológicos muchas veces irreparables.

Como obligación principal de los Estados es la de establecer mecanismos muy especiales apropiados para la atención y protección a la mujer objeto de violencia, esto con apoyo de entidades de los sectores público y privado, incluyendo refugios, casas de acogida y centros de apoyo integral estatales para mujeres afectadas por la violencia. (Chiarotti, 2019, p. 40). (28) El Estado peruano debe preocuparse mucho más en este tema, ya que después de cometerse un delito que termina con la vida humana, este, tiene el deber de cuidar y sanar a esa familia que ha quedado destruida. Desde el año 2016, se le otorga facultades al Ministerio de la Mujer y Poblaciones Vulnerables para la creación y promoción de hogares de refugio temporal para la protección de mujeres víctimas de violencia y a sus hijos que se encuentren en alto riesgo de su integridad.

Iniciativa muy buena y la cual comparto, esto a cargo del Programa Nacional Contra la Violencia Familiar y Sexual del MIMP, los Aportes desde los CEM para la atención y prevención a cargo de la Guía de Atención Integral de los Centro de Emergencia Mujer, quien brinda acompañamiento psicológico respectivo para superar el duelo y reorganizar la vida de estos. Además, se brinda terapias grupales e individuales para restablecer el equilibrio emocional de la persona frente a un suceso que la ha impactado profundamente. Estos trabajos de atención deberían ser más visibilizados, en especial para aquellas mujeres que sufren maltrato familiar, para que estas puedan acudir a estas casas de refugio y evitar lamentables consecuencias.

Podemos conocer, aprender, relacionarnos y sobre todo a resolver problemas con la familia. Asimismo ensayamos cómo ser varones y mujeres. Dicho esto, la institución jurídica social de la familia tiene un rol muy significativo en la alineación de los niños y las niñas. Siendo el lugar donde existe afecto, entera comunicación, intuición, respeto y formas correctas para la solución de nuestros conflictos. (Rivera, 2018, p. 146,147). En muchos casos, los hogares familiares, quienes verdaderamente deben ser ellos los que protejan a sus miembros, son escenarios de violencia, de malos tratos, con un ambiente de inseguridad, vivimos violencia intrafamiliar y para esto es necesario pedir ayuda.

En la Guía de los CEM se establecen pautas de cumplimiento para la atención de personas afectadas en sus etapas de atención, las cuales resultan de suma importancia leerlas y tenerlas en cuenta. La atención consta de cuatro etapas: Admisión, atención básica, atención especializada y seguimiento y evaluación del caso.

I.	Admisión
1.	Identificación de situaciones de violencia familiar o sexual.
2.	Obtención y registro de datos.
3.	Identificación de la urgencia de atención.
4.	Derivación para la atención básica.
II.	Atención básica
1.	Acoger a la persona afectada.
2.	Realizar la primera entrevista.
3.	Brindar atención de intervención en crisis.
4.	Evaluar el riesgo y gravedad en el que se encuentra la persona afectada.
5.	Brindar información y orientación especializada.
6.	Valoración inicial de las estrategias de afronte y plan de seguridad.
7.	Elección y puesta en marcha de un plan de intervención.
8.	Derivación para la atención especializada.
III.	Atención especializada
1.	Intervención interdisciplinaria a través de acompañamiento psicojurídico, patrocinio legal, gestión social y fortalecimiento socio-familiar.
2.	Intervención interdisciplinaria para el diseño e implementación de las estrategias de intervención.
IV.	Seguimiento y evaluación del caso
1.	Seguimiento del caso.
2.	Evaluación de las estrategias y del logro de los objetivos.

Fuente: Guía de Atención Integral de los CEM

En datos del Observatorio Nacional de la Violencia contra las mujeres y el grupo familiar, entre el 2009 y el 2017, se atendieron 491 mil 541 casos por violencia a la mujer. El 50,4 % corresponde a casos atendidos por violencia psicológica, y el 38,8% violencia física y 10,6% violencia sexual. Los centros de emergencia mujer se encuentran en todas las provincias del Perú. Lima lidera en regiones con mayor índice de violencia con el 25,7%, cusco 8%, Junín, 7%, Arequipa 5,3%, Puno y la Libertad 4,4%.

La finalidad de la intervención psicológica es la recuperación de las víctimas esto en casos de tentativas y de sus familiares directos aquellos que viven o vivían con ella, con el objetivo de recuperar su equilibrio emocional y endurecer recursos para combatir la violencia. Debe ser prioridad coordinar el tratamiento con un servicio de salud mental para la rehabilitación del daño emocional, la recuperación de la autoestima y para desarrollar capacidades para proteger su vida e integridad.

El duelo de los familiares directos puede oscilar semanas o meses, esto al depender de la relación que hubieran tenido con la víctima y más aún, si sobre todo si aquellos han presenciado el asesinato generando sentimientos de culpa. En tales situaciones, el lamento y el descontrol pueden liberarse en cualquier momento, con agudas crisis emocionales, que es necesario remediar (MIMP, 2012, pp. 73, 76). (29)

En el 2017, mediante el artículo, "Descripción de las secuelas emocionales en familiares de las víctimas de femicidio en Manabí" publicado en la revista: San Gregorio 2018 (30) se recopilaron testimonios de familiares y vecinos más cercanos de las víctimas de femicidio en la provincia de Manabí (Ecuador) realizando un trabajo de campo y aplicando métodos y técnicas de estudio cualitativas. El método fue seleccionar a los familiares, considerando el impacto que en su momento le causó tal crimen. De ese modo, se entrevistaron a un total de 10 familias de mujeres víctimas de femicidio dando los siguientes resultados:

-Los casos de femicidio se mantienen o tienden a aumentar.

-Los casos de feminicidio no reducen

-Generan problemas de salud en los familiares de las víctimas, afectando su comportamiento, a su vez dejando secuelas emocionales, la cual genera dificultad para adaptarse a la nueva realidad, sentimientos de culpa, autoestima baja, signos de agresión, desesperanza y actitudes de aislamiento.

-Se originan secuelas psíquicas, más frecuentes principalmente en sucesos violentos, la cual es la modificación permanente de la personalidad.

-Estos resultados también permiten conocer que la mayoría de crímenes son cometidos dentro del domicilio, lugar donde se supone debe ser el más seguro para la mujer y la familia, por otro lado nos señala que la vía pública es el segundo escenario donde más femicidios han ocurrido en la provincia de Manabí. (Camacho, Mendoza, Vélez y Zambrano. 2018, pp. 153-154-155).

Entonces, debido a las graves consecuencias psicológicas que deja el feminicidio, muy aparte de garantizar la justicia plena del Estado en castigar al infractor, se debe preparar a las familias para que lleven un proceso de duelo con tratamiento profesional en las áreas de psicología y psiquiatría. Esto con el fin de orientar a las personas que se encuentran atravesando situaciones difíciles en ese lapsus de tiempo, para que puedan superar esos traumas, y posteriormente recuperar por completo su estado emocional tras ser testigos lamentablemente de un delito rode esa naturaleza.

Con los siguientes testimonios se puede evidenciar los daños psicológicos y emocionales de los familiares después de un delito de feminicidio.

"Cada que conozco un nuevo caso de feminicidio revivo el dolor de mi hija asesinada" Declaración realizada de una madre de una joven asesinada. Se puede apreciar el síntoma de reexperimentación señalado por (Echeburúa, E. Corral, P. Sarasúa, B. Zubizarreta, I. 1996).

"Prefiero vivir sola, no tengo ánimos de salir, ella era mi todo" (testimonio de otro familiar).

"No me acostumbro a estar sin mi hija, la recuerdo a cada instante, mi vida sin ella no es la misma". (Madre de menor asesinada).

"Estoy enfermo, ya no puedo caminar, antes de morir le pido a Dios que me permita ver tras las rejas al asesino de mi hija". (Padre de mujer asesinada).

"El amor de madre me ha llevado a convertirme en psicóloga y he logrado que mis nietas superen etapas muy difíciles. Ellas tienen crisis, despiertan de noche muy nerviosas diciendo que ven al papá que se viene contra ellas a matarlas" (31)

Al estudiar y examinar concretamente los diferentes testimonios de los familiares víctimas de violencia en sus distintas modalidades, se puede observar los grandes rasgos que son propios de violencia familiar, la cual presiden mayoritariamente en los casos de delito de feminicidio. (Camacho, 2003).

Muñoz (32) señala como características de las secuelas emocionales en familiares de víctimas de feminicidio podemos encontrar las siguientes:

-Condición atribucional interno respecto a la responsabilidad del delito" (la persona siente que debe responder del delito, bien por conducta que ha llevado a cabo, bien por aspectos de su personalidad).

-Condiciones en la capacidad de resolución del duelo (percepción del delito como algo extremadamente grave e irreversible).

-Pobre autoconcepto y baja autoestima.

La dependencia emocional, económica, sumisión, temor al abandono, son factores que se encuentran muy significativamente en quienes fueron víctimas del delito. El feminicidio deja secuelas, crisis emocionales en los familiares de la víctima muy negativamente en los tiempos de duelo, desorganización, inestabilidad, la cual será necesario el acompañamiento profesional hasta su resolución. Wolfson (2004) refiere que: "Solo las personas que pasaron por una experiencia semejante, pueden comprender de manera cabal el tipo de emociones que les toca vivenciar en los tiempos de duelo".

El Diccionario de la Real Academia de la Lengua Española define al duelo con el siguiente concepto: "Demostraciones que se hacen para manifestar el sentimiento que se tiene por la muerte de alguien".

Se ha establecido fases para comprender y explicarlo, esto a partir de los estudios observados en conductas emocionales que viven los familiares.

Las fases del duelo según Kubler-Ross son: I). Negociación: No reconocer el hecho real como pérdida. II). Ira: Reacción emocional de rabia, enojo, resentimiento hacia él y los demás, III). Negociación: Forma de afrontar la culpa, se entabla comprometida con la recuperación. IV). Depresión: Sentimientos de dolor ante la situación. V). Aceptación: Reconocimiento de la situación, asumir actitud responsable de lucha y supervivencia. (Miaja y Moral, 2013, p. 110).

Oviedo, Parra y Marquina (2009) (33) exponen la idea de Worden en el año de 1997 el cual señala que las personas no atraviesan etapas, realizan una serie de tareas para superar el duelo.

-Tarea 01: Aceptar que la persona ha muerto

-Tarea 02: Ocuparse en las emociones y el dolor de la pérdida: Trabajar el dolor emocional y conductual. Si no se completa adecuadamente, lo más saludable es llevar terapias profesionales, evitando el sufrimiento.

-Tarea 03: Adaptarse y asumir un rol de que se puede seguir.

-Tarea 04: Aquellas personas que están bloqueadas deben buscar ayuda para hallar el lugar apropiado para él en su vida emocional, vivir de manera adecuada. (Oviedo et al, 2009, p. 6).

Al perder a un familiar directo o alguien muy cercano no sabemos en realidad como vayamos a reaccionar, lo correcto es asimilar la pérdida y continuar con nuestra vida cotidiana. Las investigaciones señalan que el duelo es un proceso normal y natural que todos en algún momento tenemos que vivir, el cual se puede sobrellevar saludablemente con el apoyo de la familia y su demás entorno social para una adecuada adaptación y recuperación, siendo necesario recurrir con ayuda profesional (psicólogo) si el duelo es imborrable.

Otro de los temas más preocupantes es el duelo que tiene que sobrellevar los niños. Calonge (2004) plantea consejos de cómo explicar a los niños sobre dicho suceso, decirles siempre la verdad, no remitir mucha información de la que este no pueda alcanzar. Investigadores determinan que el tema de duelo debería de enseñarse en las escuelas para evitar complicaciones futuras en los alumnos que en cualquier momento van a pasar por esto.

Como lo señala Kseibi Santander al decir que: "La educación que no incluya la instrucción de la muerte no es educación. Se enseñaría que es la vida sin instruir lo que es la muerte, una concepción muy natural y vigente en el día a día de la gente." (Santander, 2017, p, 54). Eso dependería de cada política de Estado en implementar temas como estos, pero por el momento debemos mantener siempre una buena comunicación con el menor y con sus familiares.

3. LOS MEDIOS DE COMUNICACIÓN Y SU INCIDENCIA A LA VIOLENCIA FEMINICIDA

El Perú, ocupa uno de los países con más violencia en América Latina, va por debajo de Honduras, Guatemala, El Salvador y México. En el año 2018 se registraron 149 feminicidios en el país, se registró la mayor cantidad desde el año 2009, según el registro del Programa Nacional contra la Violencia Familiar y Sexual del Ministerio de la Mujer y Poblaciones Vulnerables (MIMP) cuyos datos cualquier ciudadano puede entrar al portal de estos y verificarlos. Los medios de comunicación resultan tener una responsabilidad muy importante en informar a la sociedad sobre los acontecimientos más resaltantes en torno a la violencia y feminicidios en contra de la mujer, siendo los primeros en influenciar para la erradicación de uno de los principales problemas que tenemos en el Perú.

Los medios de comunicación son tomados como principales garantes de ayudar a eliminar la violencia contra la mujer. Sin embargo, la construcción social que sus profesionales (periodistas y editores) tienen sobre el cuerpo, sexualidad y mandato, puede no ser compatible con la nueva perspectiva de género al momento de fabricar noticias relacionadas con violencia. (Ananías, C. y Vergara, K, 2016. p. 55). Lo importante a resaltar es impulsar la participación de los medios de comunicación de la mujer, y principalmente aquellas mismas deben ser protagonistas del cambio y explicar las causas al público, donde el poder de los medios deben ponen atención, preocupación y prevención a los ciudadanos de lo que sucede en el país, esto usado como fuente de educación visual como tarea para la solución del conflicto.

Como hemos visto anteriormente, este fenómeno persiste en nuestra realidad. ¿Qué está haciendo el Estado, la sociedad y los medios de comunicación? Ya que estos son productores de contenidos y al ser consumidos por los televidentes, las noticias que se emiten actualmente hacen que estos tengan una idea incompleta, incorrecta y confusa del feminicidio.

En el Perú, los medios de comunicación no trabajan de forma protectora y en especial ayuda para la víctima, al contrario, revictimizan de nuevo a la mujer colocándole adjetivos y mensajes negativos. No hay un programa en los medios de comunicación donde hable cómo se debe explicar a sus periodistas u escritores la verdadera tarea de manejar correctamente el tema de violencia familiar y violencia hacia la mujer.

En las noticias sobre violencia contra de la mujer, específicamente en los periódicos podemos ver que, la redacción de los titulares representa de muy mala manera a la mujer. Como decía Meyers, el discurso de los programas televisivos de noticias constituye una parte del problema de la violencia contra las mujeres al representarlas como responsables de su propio abuso (Meyers 1997, p. 117). En su mayoría, los medios de comunicación informan de muy mala manera y sin ningún respeto a la víctima ni a su familia y justificando en algunos casos diversos acontecimientos con los hechos producidos. Debemos tener en cuenta también que no todas las fuentes de información son confiables esto para no caer en el amarillismo.

La representación mediática se realiza por los medios con prejuicios sexistas descontextualizando la noticia y no enfocándose en el núcleo del problema. A partir de los últimos años los medios de televisión y radio hicieron más énfasis en reproducir noticias de muerte de mujeres víctimas por sus parejas o ex parejas. Justamente se inicia una campaña de sensibilización a cargo del Ministerio de la mujer, pero las noticias peruanas actuales refuerzan estereotipos de género y patrones culturales al reflejar mensajes violentos, grotescos y fuera del contexto que debe abarca verdaderamente una noticia seria y puntual. Dentro de esos mensajes, tenemos titulares de periódicos como los siguientes:

"Mata a flaca por bailar perreo" (34)

"Yungay mata a esposa por celos"

"Policía estrangula a su mujer por fiestera" (35)

"A golpes enfrían a anciana" (36)

"Le quita la mujer a su hermano"

"La Acuchilla por infiel" (37)

"Asesinó a su novia por tramposa" (38)

"Descubrió que lo hacía venado (39) y la mató"

"Enfermo de celos, la mató con machete"

"Mal pata, mocha y mata a la trampa" (40)

Muy aparte de los desagradables titulares que a menudo encontramos, y que son los principales diarios de lectura del ciudadano de a pie, se muestran mensajes despectivos que no dan el más mínimo respeto por la dignidad, honor de la víctima y el dolor de la familia. Las noticias de los periódicos muestran mensajes peyorativos, la terminología es muy fuerte, ruda e inadecuada para difundir una noticia de esa manera ante un hecho tan lamentable y muy delicado. Esto resulta ser desagradable, hiriendo susceptibilidades también para el lector y televidente. Por otro lado, se crea una especie de tolerancia por el lenguaje que se expresa, y que se siga perpetuando este tipo de violencia al pasar casi desapercibido y no otorgarle la importancia que de verdad necesita solo por enfocarse en el chisme.

Lo que los medios de comunicación obvian es lo siguiente:

-Respetar la dignidad de la víctima y el dolor de su familia: No referirse con noticias grotescas, con ningún comentario o imágenes morbosas, respetando el fuero íntimo y dolor de sus parientes.

-Contextualizar la noticia: Referirse estrictamente al problema, cuyo objetivo sea sensibilizar e informar a la sociedad de manera eficaz lo que está aconteciendo, mostrando las causas y consecuencias de tal violencia.

-Ocultar la identidad de la víctima: Esto para evitar futuros feminicidios, ya que muchas veces la víctima denunció al agresor por medio de la televisión, este al ver su rostro por ese medio u enterarse de la denuncia puede vengarse.

-Identificar la figura del feminicida: Esto es necesario para que la sociedad reconozca el perfil del agresor, y si este ha atacado a más mujeres, ellas también puedan y deban denunciarlo.

-Capacitar a sus periodistas respecto a este problema: Esto para difundir información correcta, formando periodistas serios y especializados en violencia contra la mujer.

Los errores que cometen los medios de comunicación en la elaboración de noticias sobre casos de violencia contra la mujer y feminicidios son demasiado frecuentes. Por otro lado, las noticias tienen mucha influencia de manera directa con un rol más activo, pero actualmente no son fuentes disuasivas, no visibilizan las condenas a los victimarios, ya que esto tendría efecto preventivo para futuros agresores.

Los medios de comunicación no cumplen con las funciones por las cuales fueron creados. Así, tenemos las siguientes representaciones:

-Se presentan titulares escandalosos y frívolos

-Se dramatiza el problema, lejos de realizar una crítica y contribuir al debate de una manera reflexiva, termina como una problemática aislada, otorgando a la mujer la responsabilidad, cuando esto es un problema de social.

-Excusan al agresor

A partir de estudios realizados sobre cómo tratan los medios de comunicación en el comportamiento violento hacia las mujeres, se apuntan que las acciones que podemos visibilizar y escuchar en los medios de comunicación puede provocar conductas en el receptor. Tomamos el trabajo de Isabel Marzabal Manresa, en su tesis doctoral los feminicidios de pareja: efecto imitación y análisis criminológico de los 30 casos sentenciados por la audiencia provincial de Barcelona (2006-2011) (41) al realizar una recopilación de investigadores entre ellos HUESMANN, ERON sobre estudios en programas violentos y su relación en los televidentes, las cuales aseguran que la violencia que se reproduce en los medios de comunicación, la violencia filmada tiene efectos muy significativos de violencia real. Dichos efectos podían ser de carácter emocional, cognitivo o conductual:

-La violencia visual puede generar en el espectador un efecto emocional de desensibilización, es decir, una indiferencia ante la violencia real. De este modo, las reacciones de preocupación y sufrimiento ante el dolor de las víctimas y la crueldad de las acciones se van poco a poco debilitando. (Marzabal, 2015, p. 214).

-Entre las consecuencias cognitivas de la violencia en los medios destacamos el efecto de "cultivo". Los partidarios de esta teoría argumentan que los medios de comunicación fundamentalmente la televisión construyen y moldean las percepciones que el público tiene sobre la realidad. La emisión frecuente de violencia en la televisión cultiva una impresión amplificada y duradera del mundo como un lugar poco seguro y repleto de amenazas. (Marzabal, 2015, p. 215).

-Finalmente, entre los efectos conductuales cabe destacar el efecto "modelado" o aprendizaje por observación. Dicho término "modelado" significa que las personas aprenden conductas por observación de modelos, sean éstos reales o simbólicos. (Marzabal, 2015, p. 215).

Marzabal citando a Rowell Huesmann (1980) en su informe del Instituto de salud mental nacional en los Estados Unidos sobre violencia en los medios de comunicación y comportamiento violento, establecen que: Existen diversos procesos psicológicos a través de los cuales la violencia en los medios de comunicación interviene sobre la conducta, pudiendo así haber un aprendizaje observacional de conductas y pautas comportamentales (reproduciendo la fantasía que se ha observado en las pantallas), creencias y actitudes (por ejemplo, determinados prejuicios y la aceptación del uso de la violencia para la resolución de conflictos). (Huesmann, 1980 citado en Marzabal, 2015, p. 215 - 216). Isabel Marzabal, expone que hay posibilidad de que se ejecute un feminicidio cuando con anterioridad, en un lapso de diez días, se observaron noticias de homicidios de mujeres por sus parejas en prensa y televisión. Asimismo, la tesis pone de relieve que existe tal diversidad de perfiles de feminicida de pareja, que se hace muy difícil prever este tipo de crímenes.

Explica que es muy demostrativo que, de los treinta casos sentenciados por la Audiencia Provincial de Barcelona entre 2006 y 2011, solo en dos de ellos no hubiese antecedentes de mujeres muertas a manos de su pareja publicados en los medios de comunicación. Se trata del llamado efecto imitación: El poder de los medios de comunicación para provocar un contagio de conductas similares. (43)

El proceso de aprendizaje por observación, estudiado por Albert Bandura señalaba que los seres humanos puede imitar conductas por medio de la observación. Si lo que visualizamos es atractivo estaremos atentos, después con un análisis recordaremos lo que observamos en aquellas imágenes o videos que se han retenido en nuestra mente para reproducirlas en diversas ocasiones con un determinado objetivo.

María García Toledo (2011) nos explica en su escrito Violencia, mujer y televisión, cuáles deberían ser las tareas correctas de los medios de comunicación para un tratamiento informativo del tema que estamos tratando:

-Revalorar el perfil de la mujer, superando su presencia medial como objeto sexual, doméstico, pasivo y de víctima, en pro de una imagen que la muestre en toda su real valía. Así, por ejemplo, mostrarla en otros roles como profesionales, artísticos, políticos, escritoras, empresarias, agrónomas y en las múltiples tareas que ella realiza en la vida real.

-La capacitación de algunos periodistas para informar de manera diferente a como ahora se hace y no que se dé un valor sólo "policial" a la información sobre violencia. Esto conlleva a un uso creativo de los diversos géneros informativos al servicio de la tarea informativa, una de las cuales es por ejemplo el debate del problema, momento en el que se analiza y profundiza un hecho, dándole al público más y mejores elementos que le permitan una perspectiva completa y veraz de la información. (García, 2011, p. 183).

-Cuidarse también lo que dicen los representantes policiales y legales frene a los hechos de violencia que venimos tratando. (García, 2011, p. 183).

Con la incorporación de este tema a la agenda de los medios de prensa y por ende a la agenda de sus audiencias, se favoreció a incentivar conciencia crítica sobre este inconveniente que atraviesan y afectan a tantas mujeres en el mundo. No obstante, la manera como se la viene abordando periodísticamente, no es la más adecuada. (MIMP, 2011, p. 5). La tarea fundamental de los medios de comunicación es dejar una posición de reproche y desaprobación en la sociedad en contra de cualquier tipo de maltrato, en este caso nos referimos estrictamente a la violencia feminicida. Otra tarea importante es abordar la información de los tipos de violencia, constituyéndose como actores de prevención estos medios de comunicación al constituir una fuente mediadora entre los hechos y la formación de nuestra opinión, factores sociales importantes para el análisis de este tipo de informaciones con el fin de regular, sancionar y eliminar la violencia en contra de la mujer.

3.1. LA TELEVISIÓN

A diferencia de todo tipo de vehículo de información, la imagen produce unos efectos continuos e intensos por una sucesión de razones. Como primer punto nos encontramos que mientras la voz es un símbolo que se resuelve en una significado fijo y explícito que sólo podrá ser alcanzado si conocemos un sistema de emblemas de una establecida lengua o idioma, un código, la imagen es una representación visual de algo que todo el mundo ve y entiende con independencia del idioma que hable o de la cultura que posea. (Instituto Andaluz de la Mujer, 2003, p. 39).

La televisión nos refleja directamente cómo se realizó tal crimen, nos muestra imágenes que proporcionan una serie de datos y nociones sobre la violencia ejercida contra la víctima, esto al verlas en los medios de comunicación de manera directa. La Tv al reproducir todo tipo de escenografías, reconstrucción de los hechos, provoca por un lado un poco de morbo, y hasta pareciera que se incentivara a nuevas formas de cometer un delito, esto para la retorcida mente de un futuro feminicida.

Por ejemplo, tuvimos el caso de la señorita Eyvi Ágreda quien fue quemada al interior de un autobús de transporte público en Miraflores (Lima) por su ex compañero de trabajo y asesino confeso identificado como Carlos Hualpa. Más del 60% de su cuerpo quedó completamente quemado y con lesiones internas las cuales no soportó y falleció de un ataque. Días después a este crimen, ocurrieron otros sucesos muy similares, como la muerte de Juanita Mendoza quien fue quemada por su excuñado, Esneider Estela de la misma forma. El homicida quien actuando por pura venganza realizó tal crimen solo por castigar a su ex pareja (Liliana Mendoza) matando a su hermana por negarse a retomar la relación sentimental a quién también le roció gasolina y le prendió fuego. Su muerte ocurrió después de siete días del suceso por un paro cardiorrespiratorio. Asimismo, Marisol Estela Alva, fue brutalmente asesinada y encontrada dentro de un cilindro con cemento, su cuerpo había sido bañado con ácido muriático y estaba aún en un estado de descomposición. Si analizamos tales crímenes fueron dentro de un tiempo corto y con un modus operandi similar, hacer sufrir a la víctima, solo los asesinos podrán saber qué pasaba dentro de su mente al cometer el delito.

Los medios de comunicación al tener por finalidad presentar todo lo que acontece en la sociedad, deben ser muy cuidadosos en la forma en la que expresan la noticia, pero mucho más que eso deben explicar de forma idónea y de manera preventiva para el lector y espectador, ya que las personas al ver a diario esta violencia pueden dejar de ser sensibles y acostumbrarse lastimosamente a ella, esto al observar a diario la misma violencia, generando de alguna manera que nos deje de importar.

Para entender el fenómeno de violencia contra la mujer y los demás integrantes del grupo familiar, sobre todo a las poblaciones vulnerables: Ancianos (a), niños (a), y mujeres, debemos entender que esto es un problema social, que a mi juicio, sí, es cierto, son situaciones de dominación pero no por el género (sexo) de la persona, estas agresiones se realizan por una dominación en condiciones físicas superiores al otro, el del más fuerte lamentablemente.

Otro tema, son los noticieros de espectáculos que carecen de conocimiento científico y suelen criticar y ofender a ciertas mujeres llamándolas "no bellas" criticando sus imperfecciones y reproduciendo imágenes de su pasado burlándose en señal abierta. Los programas actuales muestran noticias sumamente cuestionables, escándalos mediáticos que atentan contra la libertad e intimidad de las personas, en especial a las mujeres. Programas como Magaly Tv, Válgame Dios, seguidos de programas como Combate, Esto es Guerra, que muy a parte muestran contenido obsceno, usando vestimentas muy diminutas con personajes famosos quienes anteriormente fueron seleccionados por sus rasgos físicos. Por otro lado, estos programas son transmitidos dentro del horario de protección al menor. Hay momentos en donde a los participantes pareciera que trabajaran con un guión ya hecho, como por ejemplo, haciéndolos enamorarse sin su voluntad o creando algún tipo de juego mostrando el cuerpo, todo esto siendo observado por la mayoría de televidentes en su libre espacio de libertad de televisión.

Muy a aparte, los chicos *reality* revelan sus intimidades y crean un circo mediático para el consumo del espectador, quienes lamentablemente los ven como ejemplo, niños y adolescentes, la ventilación de sus cuerpos, quienes exigen dorsos jóvenes y gimnastas. Los medios de comunicación en el Perú, deberían cumplir con los estándares que la ley N° 28278 establece, transmitir conocimiento, cultura y educación ajustándose con el respeto de los derechos humanos. Encontramos esto en su artículo N° 4.- Fines del servicio de radio fusión:

Los servicios de radiodifusión tienen por finalidad satisfacer las necesidades de las personas en el campo de la información, el conocimiento, la cultura, la educación y el entretenimiento, en un marco de respeto de los deberes y derechos fundamentales, así como de promoción de los valores humanos y de la identidad nacional.

Los reality show y los programas de chismes en el Perú, predominan en la programación, los cuales atraen principalmente la atención por su contenido un poco humorístico y acercándose al público de muy buena manera y con mucha espontaneidad. Actualmente, se maneja la vida de los participantes y se brinda información de donde viven o donde se encuentran, siendo muy fácil para algunos acosadores, homicidas poder ubicarlas. Tenemos el caso de la periodista peruana Melisa Pescheira quien era perseguida y acosada por un sujeto, quién en una entrevista en diario "El Comercio"44 contó que este sujeto la perseguía y la esperaba a las afueras del canal, afuera de su casa en Miraflores y hasta sabía dónde vivía su madre, que vivía enamorado de ella por verla en la televisión, el tipo estaba obsesionado, la llamaba constantemente al teléfono personal y el de su casa. Tenemos otros casos como el de las también periodistas Juliana Oxenford y Jesica Tapia, las dos acosadas por el mismo sujeto.

Como es el caso de Nicola Porcella, uno de los personajes de televisión más controvertidos de la farándula peruana, quien a su vez se convirtió en una figura mediática por la participación en estos tipos de reality. A lo largo del tiempo, Nicola Porcella fue separado del reality por sus cambios de humor repentinos, por sus escándalos mediáticos, presuntas agresiones físicas a su ex pareja, reacciones violentas al perder una competencia o reclamar algo que consideraba injusto. Aquellas acciones se reproducían y pasaban desapercibido para los televidentes, pero que a la par aquellas imágenes eran vistas también por niños que consideraban como algo normal. Inclusive, el mismo programa emitía escenas en donde él trataba de muy mala manera a su pareja cuando fue a visitarlo al hospital por sufrir un accidente no muy grave, esto convertido en un reality de su vida amorosa hecho por la misma producción.

En este 2019 se difundieron videos donde Porcella discutía con su pareja muy exaltado, recriminándole y a su vez insultándola verbalmente fuera de una discoteca, que para los programas de espectáculos resultó ser un ambicioso proyecto para generar rating, dejando de lado el problema de fondo, la violencia que este personaje continua ocasionándole a su ex pareja. El Ministerio de la Mujer se pronunció al respecto señalando que no se debe permitir ningún tipo de agresión, esto para evitar futuros feminicidios. Después de esto Porcella fue retirado una vez más del programa.

3.2. CASO RUTH THALÍA SAYAS: UN FEMINICIDIO QUE NACIÓ EN LA TV

En el año 2012, tuvo lugar un asesinato que conmovió a la sociedad peruana. El caso de Ruth Thalía Sayas, la estudiante que acababa de obtener quince mil soles como primera participante de la versión peruana "El valor de la Verdad", cuyo programa internacional llegaba al Perú pero con un impacto negativo al tener demasiados cuestionamientos éticos y conducido los sábados por la noche por el hasta hoy polémico periodista Beto Ortiz.

La participante dio vergonzosas revelaciones que fueron tomadas de muy mala forma por la sociedad conservadora del Perú, cuyas respuestas la condujeron lastimosamente a su muerte al confesar secretos como el que no trabajaba en un Call Center sino en un *nigth club* en secreto de sus padres, que había aceptado tener relaciones sexuales a cambio dinero, que se avergonzaba de los modales de su familia, que se consideraba bisexual, contó además que había tomado la pastilla del día siguiente más de una vez, que su enamorado no la merecía y que mantenía una relación sentimental con él hasta conocer a alguien mejor, generando la indignación y humillación a nivel nacional de Bryan Romero Leyva su hasta ese entonces pareja y futuro asesino.

Finalmente, decidió detenerse en el cuarto nivel del programa y obtener así la cantidad de quince mil soles como premio a su participación, liderando el rating de aquel programa sabatino en un fin de semana, pero sin imaginar que aparecería nuevamente en la televisión no para revelar secretos de su vida amorosa sino como víctima de un crimen.

La noticia se convirtió en portada de los principales diarios del país, y durante días fue titulares de los programas mañaneros televisivos de señal abierta. Debido a las contradicciones hechas por Romero Leyva, esto por el interrogatorio de la policía, declaró finalmente que él había asesinado a Ruth Thalía en complicidad con su tío Redy, revelando el lugar donde la mató y enterró su cuerpo.

3.3. CRONOLOGÍA

El 11 de septiembre del mismo año, Ruth Thalía se dirigió a su Universidad pero sin pensar que ya no retornaría a su domicilio, recibió una llamada que en declaraciones de los testigos que compartían con ella en esos momentos escucharon que era Bryan, pidiéndole que lo acompañe al cumpleaños de su madre. Con la preocupación encima, sus padres procedieron a denunciar la desaparición de su hija ante todos los medios de comunicación posibles y centrando su atención en el principal sospechoso, Bryan Romero Leyva, que por esos días ya no era más pareja de Ruth Thalía y a quien los padres de la víctima señalaron que este sujeto días antes de la desaparición de Ruth Thalía la había amenazado de muerte e intentado robar el dinero que obtuvo en el programa ingresando a su domicilio.

Después de casi diez días de búsqueda, el 23 de septiembre se encontró el cuerpo de una mujer, era el cuerpo sin vida de Ruth Thalía Sayas en un hoyo ubicado en la localidad de Jicamarca, en las afueras de Lima. Acompañados y ayudados por la unidad de rescate, sus familiares, entre ellos su padre Leoncio Sayas y su hermana Eva Sayas reconocieron el cadáver, agrediendo al asesino tras llegar al lugar del crimen horas después. Finalmente, Bryan Romero Leyva y su tío Redy Leyva Carrión, fueron condenados a cadena perpetua y al pago de una reparación civil de 700 mil soles a la familia de Ruth Thalía.

Beto Ortiz, quien hizo un pronunciamiento en el programa "Abre los Ojos" sobre lo acontecido, fue muy enfático y precisó que tanto él como el programa no tenían la más mínima responsabilidad del asesinato de la joven "Quieren convertir el programa en el origen del crimen y esto es algo que no tiene ninguna relación entre un evento y el otro". (44) Ortiz, indicó también que el asesino y su cómplice, su tío Redy Leyva, fue la persona quien manipuló todo el tiempo a Bryan, que llegaron al programa a pedir dinero por todo el daño moral del que este fue víctima por las declaraciones de Ruth Thalía. Por último, el conductor señaló que honrarían su memoria y lucharían contra los feminicidios.

En conclusión, Bryan Romero Leyva señaló que la asesinó para arrebatarle el dinero que obtuvo en el programa, ya que ellos dos acordaron presentarse y repartirse el dinero al momento de finalizar la edición de "El valor de la Verdad". A diferencia de Ruth Thalía, ella nunca imaginó que su verdad le costaría la vida. El asesino confesó que mató a su ex pareja a golpes y por estrangulamiento. También dijo que al verse engañado, se sintió demasiado poco hombre, y principalmente humillado ante todo un país.

El machismo, la codicia, el matar a alguien, el hacer el ridículo en señal abierta no importa si se trata de obtener dinero tan fácilmente, enriqueciendo de alguna manera a programas como estos que erradamente los medios de comunicación transmiten para el morbo de la sociedad, sumando y generando una mente feminicida que en el caso de Bryan, esta se iba gestando entre su nerviosismo y con cada respuesta que su víctima daba las cuales no aceptó de muy buena manera. "El Valor de la Verdad" sigue emitiéndose los sábados por la noche en el actual 2019, lucrándose con la intimidad de las personas pero ahora solo con personajes de la farándula peruana, lo cual hace que sea más interesante saber de sus vidas por la fama que tienen, ya que mucha gente quiere saber y seguir de cerca a sus ídolos.

4. EN CONCLUSIÓN

La televisión y medios de comunicación peruanos deberían de producir cambios socioculturales con la información y fuentes que poseen, manteniendo la atención de todas las personas, esto para tener un mejor concepto y más capacidad crítica de análisis respecto al tema del feminicidio y violencia contra la mujer.

Añadiría por último que, no todas las fuentes informativas son confiables, el espectador debe comprender el tema y sobre todo la situación por la que pasa aquella mujer que es violentada, no pensar en el morbo para no poder lesionar la dignidad de aquella persona. Lo que informa el periodismo peruano de hoy en día debe de cambiar, dejando de lado preferencias económicas al dar más espacio a programas que reproducen aquellos actos que lesionan derechos humanos y dar importancia a un fenómeno social que aqueja a un grupo humano tan importante en nuestro país, las mujeres.

Notas:

28. Chiarotti, S. (2019). *La violencia contra las mujeres y sus formas extremas: Los feminicidios/femicidios.* Madrid-España, p. 40. 29. MIMP. (2012). Intervención profesional frente al feminicidio, Aportes desde los

CEM para la atención y prevención. Sagitario Editores e Impresores E.I.R.L. Lima-Perú.

29. MIMP. (2012*). Intervención profesional frente al feminicidio, Aportes desde los CEM para la atención y prevención.* Sagitario Editores e Impresores E.I.R.L. Lima-Perú.

30. Camacho, A. Mendoza, J. Vélez, N. Zambrano, C. (2018). *Descripción de las secuelas emocionales en familiares de las víctimas de femicidio en Manabí.* Revista San Gregorio 2018. ISSN 1390-7247.

31. *Relato de una abuela* (Diario El Heraldo de Barranquilla, 2013).

32. Muñoz, M. (2013). *La evaluación psicológica forense del daño psíquico: Propuesta de un protocolo de actuación pericial.* Anuario de Psicología Jurídica 2013. España.

33. Oviedo, S.J, Parra, F.M, y Marquina, M. (2009). *La Muerte y el Duelo.* Revista Electrónica cuatrimestral de enfermería, 15. 1-9.

34. El "perreo", estilo de baile, rápido y agresivo.

35. Jerga Peruana para denominar a un agente de seguridad.

36. De frecuentar fiestas.

37. Por, Centro de la Mujer Peruana Flora Tristán.

38. Falta de fidelidad, quien se comporta de manera desleal ante un compromiso. Término despectivo para denominar a una mujer que mantiene dos relaciones sentimentales a la vez.

39. "Venado" palabra despectiva para denominar a los hombres quien han sufrido de infidelidad.

40. "Trampa", calificativo para las mujeres amantes.

41. Marzabal, I. (2015). *Los feminicidios de pareja: efecto imitación y análisis criminológico de los 30 casos sentenciados por la audiencia provincial de Barcelona (2006-2011)* (tesis doctoral).Universidad Nacional de Educación a distancia. Madrid-España.

42. Universidad de Barcelona. (2016). *Una tesis doctoral analiza el efecto imitación en los casos de feminicidio cometidos en Barcelona entre 2004 y 2009.*

43. *Diario "El Comercio"*

44. *RPP Noticias (sitio Web)*

COMENTARIO FINAL

Al finalizar este trabajo, podemos llegar a la conclusión que el delito de feminicidio ha significado un completo fracaso para la mujer peruana y sobre todo para el sistema de justicia procesal penal de nuestro país. El Estado, no puede legislar en torno a ideologías, esto por los innumerables trabajos de los grupos feministas al convencer al legislador para distinguir y acuñar una nueva normativa como ley autónoma del feminicidio. Aquellas feministas que humilde y respetuosamente me he dirigido en reiteradas veces en este documento al no estar de acuerdo con su postura para con quien también discrepo y he tratado de probar que lo que proponen es incorrecto. Podemos llegar a observar que el delito más grave que el ordenamiento jurídico penal actual prevé ya no es el asesinato, es el feminicidio por la severidad de sus penas.

Al analizar este tipo de delitos podemos observar que se generan consecuencias negativas como las ya mencionadas con anterioridad: Impunidad, mala interpretación de la norma, aplicación inconstitucionalidad del feminicidio. Por otro lado, los casos de feminicidios y tentativas de feminicidios no son más que la ruina y decepción de políticas de prevención de violencia contra la mujer e integrantes del grupo familiar.

Reitero una vez más, con este pequeño libro no pretendo herir susceptibilidades de aquellas personas que he mencionado en capítulos anteriores, ni mucho menos para que los lectores tomen esta investigación como poco seria y machista debido al contenido talvez algo rudo y crítico en su redacción al dirigirme contra la excesiva victimización de la mujer. Solo pretendo explicar y dar alcances de cómo el delito de feminicidio constituye un tipo penal desacertado, llevando su teoría a una práctica procesal equívoca, esto con estadísticas, comentarios y estudios de profesionales en el problema del feminicidio.

Respeto mucho a la mujer, y la considero persona humana responsable y a todas ellas como principales hacedoras de bien para la sociedad, por todo esto también en el mismo nivel de dignidad e igualdad con el varón. Con respecto a la violencia cometida contra ellas, los violentos deben sentir presión social e institucional para erradicar tal problema. Mi único y deliberado propósito es dar a conocer que el delito del feminicidio está muy mal redactado, y junto a una pésima interpretación que los profesionales en derecho puedan aplicar, el problema seguirá en aumento. Con tan solo una persona que adquiera de manera libre, responsable y voluntaria este escrito, y a su vez entienda la tesis que me he propuesto en este trabajo, mi objetivo se habrá realizado. Muchas gracias.

REFERENCIAS BIBLIOGRAFICAS

· Aguilar, M. Lezcano, L. (2017). Feminicidio: Una aproximación al contexto legal y social (Artículo como trabajo de grado). Universidad de San Buenaventura, Medellín, Colombia.

· Aguilar, P. (s.f). Los asesinatos contra las mujeres a manos de sus parejas. (Artículo publicado en Mujeres Hoy, de Isis Internacional).

· Almanza, F. Peña, O. (2010). Teoría del Delito: Manual práctico para su aplicación en la teoría del caso. Editorial Nomos & Thesis E.I.R.L. Lima-Perú.

· Atencio, G. (2015). Feminicidio. El asesinato de mujeres por ser mujeres. Madrid-España.

· Bandura, A. (1973). Aggression: A social learning analysis, Englewood Cliffs, N.J, Prentice Hall.

· Bermúdez, V. (2001). Mujer e Igualdad Política, Anuario de Derecho Penal 1999-2000. Pontificia Universidad Católica del Perú. Fondo Editorial. Lima-Perú.

· Bringas, S. (2017). La discriminación como elemento de tendencia interna trascendente en el delito de feminicidio y su probanza en el distrito judicial de Cajamarca (tesis de pregrado). Universidad Nacional de Cajamarca, Perú.

· Calderón, J. (2017). Criterios de los magistrados para determinar la responsabilidad penal en el delito de feminicidio en la corte superior de justicia de santa - 2016 (tesis de pregrado). Universidad Cesar Vallejo, Chimbote, Perú.

· Calonge, I. (2004). Situaciones traumáticas en la infancia, cómo afrontarlas. Madrid: Defensor del menor en la comunidad de Madrid.

· Camacho, A. Mendoza, J. Vélez, N. Zambrano, C. (2018). Descripción de las secuelas emocionales en familiares de las víctimas de femicidio en Manabí. Revista San Gregorio 2018. ISSN 1390-7247; eISSN: 2528-7907

· Caputi, J & Russell, D (1990). Femicide. Speaking the unspeakable. The world of women, vol1.

· Carcedo, A. Sagot, M (2000). Femicidio en Costa Rica 1990-1999. San José: Organización Panamericana de la Salud. Programa Mujer, Salud y Desarrollo.

· Carnero, D. (2017). Análisis del delito de feminicidio en el código penal peruano con relación al principio de mínima intervención y la prevención general como fin de la pena (tesis de licenciatura en Derecho). Universidad de Piura, Programa académico de derecho. Piura, Perú.

· CENTRO DE LA MUJER FLORA TRISTÁN. (2013). Nueva Ley de Feminicidio, amplias posibilidades para juzgar adecuadamente los crímenes contra las mujeres en el país. Lima-Perú. Consultado en: http://www.flora.org.pe/web2/index.php?option=com_content&view=article&id=610:nueva-ley-de-feminicidio-amplia-posibilidades-para-juzgar-adecuadamente-los-crimenes-contra-las-mujeres-en-el-pais&Itemid=70

· CENTRO DE LA MUJER PERUANA FLORA TRISTÁN. (2005). La violencia contra la mujer: Feminicidio en el Perú. Lima-Perú.

· Chiarotti, S. (2019). La violencia contra las mujeres y sus formas extremas: Los feminicidios/femicidios. Madrid-España.

· Clínica Universidad de Navarra. (s.f.). Diccionario médico. Consultado en https://www.cun.es/diccionario-medico/terminos/obnubilacion

· Corte Superior de Justicia de Ayacucho. (2018, 16 de febrero). Sentencia emitida por el juzgado penal colegiado, resolución N° 43 (Expediente N°01641-2015

· Corte Suprema de Justicia de la República del Perú. (2017). X Pleno Jurisdiccional de las Salas Penales Permanentes y Transitorias (Acuerdo Plenario N° 001-2016/CJ-116).

· Corte Suprema de Justicia de la República del Perú. (2017). Sentencia Penal Permanente (Casación N° 997-2017/Arequipa).

· Cossio, A. (2016). "No se debe medir la violencia". En: Revista "Somos". Lima-Perú.

· Creus, C. (1997). Derecho penal. Parte especial, Ed. Astrea, Buenos Aires-Argentina.

· D.L. 1323, Decreto Legislativo que fortalece la lucha contra el feminicidio, la violencia familiar y la violencia de género

· Declaración de los Derechos del Niño, 1959.

·   DEFENSORÍA DEL PUEBLO. (2010). Feminicidio en el Perú: estudio de expedientes judiciales. Lima - Perú.

·   Diario "ABC Color", Asunción, Paraguay, edición del 25 de marzo de 2013. Edición digital en web: http://www.abc.com.py/edicion-impresa/judiciales-y-policiales/la-misoginia-dificil-probar-en-un-juicio-553262.html

·   Bobadilla, G. (2013). La misoginia difícil de probar en juicio. ABC Color. Recuperado de https://www.abc.com.py/e-dicion-impresa/judiciales-y-policiales/la-misoginia-dificil-probar-en-un-juicio-553262.html

·   Díaz, Rodríguez y Valega (2019). Feminicidio, Interpretación de un delito basado en género. Tarea Asociación Gráfica Educativa. Lima-Perú.

·   Echeburúa, E. Corral, P.   Sarasúa, B. y Zubizarreta, I. (1996). Tratamiento cognitivo-conductual de trastorno por estrés post-traumático crónico en víctimas de maltrato doméstico. Un estudio piloto. Análisis y modificación de conducta.

·   EL HERALDO. (2013). El drama por el que pasa una familia después de un feminicidio. Barranquilla. Consultado en https://www.elheraldo.co/judicial/el-drama-por-el-que-pasa-una-familia-despues-de-un-feminicidio-134286

·   Enfoque Derecho. (2017). Apuntes críticos al reciente Acuerdo Plenario sobre el delito de feminicidio. Consultado en https://www.enfoquederecho.com/2017/10/19/apuntes-criticos-al-reciente-acuerdo-plenario-sobre-el-delito-de-feminicidio/

·   García, M. (2011). Violencia, mujer y televisión. Universidad Mayor de San Marcos.

·   García, P. (2007). Derecho Penal económico, parte general, 2da. Edición, Tomo I, Editorial Jurídica Grijley. Lima – Perú.

·   García, P. (2008). Lecciones de derecho penal, parte general. Grijley, Lima-Perú.

·   Gómez, A. (2018). Tipificación del feminicidio desde la perspectiva de los operadores de justicia-Santa Anita-2018 (tesis de pregrado). Universidad César Vallejo, Lima-Perú.

·   Hurtado, J. (1995). Manual de derecho penal. Parte especial 1 Homicidio". Ediciones Juris, Lima - Perú.

·   Hurtado, J. (2017). Género y derecho penal. Pacífico Editores S.A.C. Lima - Perú.

·   Jakobs, G. (s.f.). La imputación jurídico-penal y las y las condiciones de vigencia de la norma", Op. cit., p.228

·   Kseibi, C. (2017). Propuesta de intervención: Elaboración del proceso de duelo. Prevención e intervención. (tesis de grado). Universidad de Valladolid, España.

·   Lagarde, M. (1996). La perspectiva del género. En Marcela Lagarde. Género y feminismo. Desarrollo humano y democracia. Madrid: Editorial Horas.

·   Lagarde, M. (1997). Identidad de Género y Derechos Humanos, La Construcción de las Humanas. VII Curso de Verano. Educación, Democracia y Nueva Ciudadanía. Universidad Autónoma de Aguas Calientes.

·   Lagarde, M. (2005). El Feminicidio, delito contra la humanidad, Feminicidio, justicia y derecho, México, Comisión Especial para Conocer y dar Seguimiento a las Investigaciones Relacionadas con los Feminicidios en la República Mexicana y a la Procuración de Justicia Vinculada.

·   Laporta, E. (2012). El feminicidio/femicidio: Reflexiones desde el feminismo jurídico. Universidad Carlos III de Madrid, España.

·   Legis.pe. (2018). Código Penal peruano 2019 (actuk8alizado). Consultado en https://legis.pe/codigo-penal-peruano-actualizado/

·   Legis.pe. (2018). EL delito de feminicidio. Entrevista a Luis Pacheco Mandujano (Caso Arlette Contreras). Consultado en https://legis.pe/delito-feminicidio-entrevista-luis-pacheco-mandujano-caso-arlette-contreras/

·   Lemos Acosta, A. (2012). Feminicidio. Homicidio por condición de género. Universidad Empresarial siglo 21. Argentina.

·   Ley N° 26260, Ley de Protección frente a la Violencia Familiar.

·   Ley N° 27922, Ley de prevención y sanción del hostigamiento sexual.

·   Ley N° 29819, Ley que modifica el artículo 107 del Código Penal, incorporando el Feminicidio.

·   Ley N° 30068, Ley que incorpora el artículo 108-B al Código Penal y modifica los artículos 107, 46-B y 46-C del Código Penal y el artículo 46 del

Código de Ejecución Penal, con la finalidad de prevenir, sancionar y erradicar el Feminicidio.

· Ley N° 30364, Ley para prevenir, sancionar y erradicar la violencia contra las mujeres y los integrantes del grupo familiar

· Ley N° 30506, Ley que delega en el poder ejecutivo la facultad de legislar en materia de reactivación económica y formalización, seguridad ciudadana, lucha contra la corrupción, agua y saneamiento y reorganización de Petroperú s.a.

· Ley N° 30819, Ley que modifica el código penal y el código de los niños y adolescentes.

· Marzabal, I. (2015). Los feminicidios de pareja: efecto imitación y análisis criminológico de los 30 casos sentenciados por la audiencia provincial de Barcelona (2006-2011) (tesis doctoral).Universidad Nacional de Educación a distancia. Madrid-España.

· Gamio, M. (2014). Violencia contra la mujer y terrorismo en el Perú: El caso de Sendero Luminoso. Consultado en http://hahr-online.com/violencia-contra-la-mujer-y-terrorismo-en-el-peru-el-caso-de-sendero-luminoso/

· Meyers, M (1997). News Coverage of Violence Against Women

· Miaja, M. y Moral, J. (2013). El significado psicológico de las cinco fases del duelo propuestas por kübler-ross mediante las redes semánticas naturales. Psicooncología, 10 (1), 109-130.

· MINISTERIO DE LA MUJER Y DESARROLLO SOCIAL. (2011). Pautas para el tratamiento informativo adecuado de la violencia contra la mujer en los medios de comunicación social. Mirza Editores & Impresores. Lima-Perú.

· MIMP. (2012). Intervención profesional frente al feminicidio, Aportes desde los CEM para la atención y prevención. Sagitario Editores e Impresores E.I.R.L. Lima-Perú.

· Montoro, A. (2007). El funcionalismo en el derecho: Notas sobre N. Luhmann y G. Jakobs. Anuario de Derechos Humanos. Nueva Época. Vol. 8

· MUJERES EN RED. (s.f.). Flora Tristán. Consultado el 13 de julio del 2019 en https://www.nodo50.org/mu-jeresred/flora_tristan.html

· Muñoz, M. (2013). La evaluación psicológica forense del daño psíquico: Propuesta de un protocolo de actuación pericial. Anuario de Psicología Jurídica 2013. España.

· OBSERVATORIO NACIONAL DE LA VIOLENCIA CONTRA LAS MUJERES Y LOS INTEGRANTES DEL GRUPO FAMILIAR, (2018). Hogares de refugio temporal para prevenir el feminicidio. Lima-Perú. Consultado en https://observatorioviolencia.pe/hogares-de-refugio-temporal/

· ORGANIZACIÓN DE MUJERES SALVADOREÑAS POR LA PAZ. (2005). Análisis del feminicidio en El Salvador. Una aproximación para el debate. Cemujer. San Salvador.

· ORGANIZACIÓN MUNDIAL DE LA SALUD. (2003). Informe mundial sobre la violencia y la salud. Washington, D.C.

· Oviedo, S.J, Parra, F.M, y Marquina, M. (2009). La Muerte y el Duelo. Revista Electrónica cuatrimestral de enfermería, 15. 1-9.

· Peña, R. (1997). Tratado de Derecho Penal. Estudio programático de la parte general, 3ª. Ed. Editora Jurídica Grijley, Lima-Perú.

· Peña, R. (2013). Estudios críticos de derecho penal y política criminal: A partir de la jurisprudencia nacional y los nuevos tipos penales. Ideas, Lima, Perú.

· Peña, R. (2015). Curso Elemental de Derecho Penal. Ediciones Legales Instituto E.I.R.L. Lima-Perú.

· Polaino, M. (2004). Derecho Penal. Modernas bases dogmáticas. Editorial Grijley. Lima-Perú.

· Prof. Dr. H. C. Mult. Luis Alberto Pacheco Mandujano. (2016) ¿Es un fracaso el delito de feminicidio en el Perú? Consultado en http://luispachecomanduja-no.blogspot.com/2016/

· PROGRAMA NACIONAL CONTRA LA VIOLENCIA FAMILIAR Y SEXUAL. (2009). Guía de Atención Integral de los Centros Emergencia Mujer. Lima: MIMP.

· Radford, J. & Russell, D (1992). Femicide. The Politics of Woman Killing. New York: Twayne Publishers.

· Raguz, M. (2015). Sexo, sexualidad, género e identidad. Lima-Perú: PUCP.

·   Real Academia Español, (s.f). Diccionario de la lengua española. Consultado en https://dle.rae.es/?id=8A-737TG|8A7sRXS

·   Real Academia Española, (2001). Diccionario de la lengua española. Consultado en https://dle.rae.es/?id=EEl-28uS|EEmPUc7

·   Real Academia Española, (2018). Diccionario de la lengua española. Consultado en https://dle.rae.es/?id=Hj-t6Vqr.

·   Reátegui, J. (2014). Derecho Penal Parte, Especial. Ediciones Legales E.I.R.L. Lima-Perú.

·   Reátegui, J. (2015). Manual de Derecho Penal. Parte General. Editores Pacífico. Instituto Pacífico. Actualidad Penal.

·   Rivera, I. (2018). "Factores psicosociales en internos por el delito de feminicidio en el establecimiento penal de Tacna Perú-2016" (tesis de pregrado). Universidad Nacional de San Agustín. Arequipa-Perú.

·   Rivera, S. (2017). Feminicidio: análisis del tratamiento penal de la violencia contra la mujer en los juzgados penales de Huancayo. periodo: 2015 – 2016 (tesis de licenciatura en Derecho). Universidad Peruana de los Andes, Huancayo-Perú.

·   Rueda, S. (2015). Garantías del Proceso Civil en un Estado Constitucional de Derecho, Editorial Idemsa, Lima-Perú.

·   Russell, D. Harmes, R. (2006). Feminicidio: Una perspectiva global, Comisión Especial para Conocer y dar Seguimiento a las investigaciones Relacionadas con los Feminicidios en la República Mexicana y a la Procuración de Justicia Vinculada. UNAM.

·   Salinas Siccha, R. (2012). El delito del parricidio en el Perú luego de la Ley N° 29819: ¿Y el delito de feminicidio? Revista Gaceta Penal y Procesal Penal N° 36, Gaceta Jurídica, Lima.

·   Salinas Siccha, R. (2015). Derecho Penal Parte Especial. Volumen 1. Lima. Perú: Editorial Iustita.

·   Segato, R. (2006). Qué es un feminicidio. Notas para un debate emergente. Serie Antropológica. 401. Brasilia. Revista Mora. Instituto Interdisciplinario de Estudios de Género, Universidad de Buenos Aires-Argentina.

·   Silva, J. (2017). La emoción violenta como atenuante en el delito de feminicidio, distrito judicial de lima norte, 2016 (tesis). Universidad César Vallejo, Lima-Perú.

· Sistema de las Naciones Unidas del Perú. (s.f). Día Internacional de la Eliminación de la Violencia contra la Mujer. Consultado en https://onu.org.pe/dias-internacionales/dia-internacional-de-la-eliminacion-de-la-violencia-contra-la-mujer/

· Soler, S. (1970). Derecho penal argentino. Topográfica Editora argentina, Buenos Aires.

· Toledo, P. (2009). Feminicidio. México: OACNUDH.

· Toledo, P. (2012). La tipificación del femicidio/feminicidio en países latinoamericanos: Antecedentes y primeras sentencias (1999-2012) (tesis doctoral).Universidad de Barcelona, España.

· TRIBUNAL CONSTITUCIONAL PERUANO. Sentencia recaída en el Expediente N° 33-2007-AI/TC. Sentencia de 13 de febrero de 2009.

· Universidad de Barcelona. (2016). Una tesis doctoral analiza el efecto imitación en los casos de feminicidio cometidos en Barcelona entre 2004 y 2009. Consultado en: https://www.ub.edu/web/ub/es/menu_eines/noticies/2016/03/031.html
·

· Vega, H. (2016). El análisis gramatical del tipo penal. En justicia, No. 29. Universidad Simón Bolívar. Barranquilla, Colombia.

· Villanueva, R. Huambachano, J. (2009). Homicidio y feminicidio en el Perú. Septiembre 2008 - junio 2009. Observatorio de la criminalidad del Ministerio Público. (UNFPA).

· Villegas, G. (2016). Difusión de contenido obsceno dentro del Horario de Protección al Menor en el Perú: Análisis del reality show Esto es Guerra (Tesis de pregrado en Comunicación). Universidad de Piura. Facultad de Comunicación. Piura, Perú.

· Villegas, M. (2017). Violencia contra la mujer: El caso peruano. Foco Económico. Consultado en http://focoeconomico.org/2017/11/10/violencia-contra-la-mujer-el-caso-peruano/

· Voltairenet.org. (2016). ¿Es un fracaso el delito de feminicidio en el Perú? Por Luis Pacheco Mandujano. Consultado en https://www.voltaire-net.org/article193678.html

· Welzel, Hans. (2003). Estudios de Derecho Penal. Estudios sobre el sistema de derecho penal. Causalidad y acción. Derecho penal y filosofía, Editorial B de F, Montevideo-Buenos Aires.